# 基于ANP-云模型的中国大学创新力评价研究

陈红喜 金俊阳 丁子仪 何艺伟 朱晨杰 著

东南大学出版社
·南京·

图书在版编目（CIP）数据

基于 ANP-云模型的中国大学创新力评价研究 / 陈红喜等著. —南京：东南大学出版社，2022.11
 ISBN 978-7-5766-0358-3

Ⅰ. ①基… Ⅱ. ①陈… Ⅲ. ①高等学校—创造教育—研究—中国 Ⅳ. ①G640

中国版本图书馆 CIP 数据核字（2022）第 227134 号

责任编辑：杨 光 责任校对：韩小亮 封面设计：毕 真 责任印制：周荣虎

### 基于 ANP-云模型的中国大学创新力评价研究

| | |
|---|---|
| 著 者： | 陈红喜 金俊阳 丁子仪 何艺伟 朱晨杰 |
| 出版发行： | 东南大学出版社 |
| 出 版 人： | 白云飞 |
| 社 址： | 南京四牌楼 2 号 邮编：210096 |
| 网 址： | http://www.seupress.com |
| 电子邮箱： | press@seupress.com |
| 经 销： | 全国各地新华书店 |
| 印 刷： | 广东虎彩云印刷有限公司 |
| 开 本： | 700 mm×1000 mm 1/16 |
| 印 张： | 12.5 |
| 字 数： | 224 千 |
| 版 次： | 2022 年 11 月第 1 版 |
| 印 次： | 2022 年 11 月第 1 次印刷 |
| 书 号： | ISBN 978-7-5766-0358-3 |
| 定 价： | 68.00 元 |

本社图书若有印装质量问题，请直接与营销部调换。电话（传真）：025-83791830

# 前　言

　　创新是引领发展的第一动力。习近平总书记早在2014年就指出：实施创新驱动发展战略，就是要推动以科技创新为核心的全面创新。党的十八届五中全会提出：坚持创新发展，必须把创新摆在国家发展全局的核心位置，不断推进理论创新、制度创新、科技创新、文化创新等各方面创新，让创新贯穿党和国家一切工作，让创新在全社会蔚然成风。近年，习近平总书记又强调：我国"十四五"时期以及更长时期的发展对加快科技创新提出了更为迫切的要求。在知识经济的时代背景下，我国大学肩负着学科研究、人才培养、推动产业技术转型升级的使命。充分利用有限的创新资源、提升高校创新能力，对推动大学履行职能、助力实现创新驱动发展的国家战略有着重要的意义。特别是在破"五唯"的发展诉求下，客观、科学、准确地评价大学创新力对我国科技创新发展是十分必要的。为进一步提高我国高校科技创新能力，2012年3月23日，教育部、财政部联合印发了《关于实施高等学校创新能力提升计划的意见》，即"2011计划"，旨在突破高校内外部机制体制壁垒、释放人才与资源等创新要素活力。创新是驱动引领高质量发展的第一动力，党的十九届六中全会上通过的《中共中央关于党的百年奋斗重大成就和历史经验的决议》中指出：党坚持实施创新驱动发展战略，把科技自立自强作为国家发展的战略支撑，健全新型举国体制，强化国家战略科技力量，加强基础研究，推进关键核心技术攻关和自主创新，强化知识产权创造、保护、运用，加快建设创新型国家和世界科技强国。"十三五"以来我国科技实力和创新能力大幅提升，世界知识产权组织发布的"全球创新指数"显示，我国排名从2015年的第29位跃居到2021年的第12位，在多个创新领域实现重大突破，迈入创新型国家行列。

　　习近平总书记强调：坚持用创新文化激发创新精神、推动创新实践、激励创新事业。提升创新力要奔着问题去，问题是提升创新力的"磨刀石"。实实在在解决问题的创新才是真创新,历经各种"疑难杂症"锤炼出来的创新力才真过硬。奔着问题去,就要抓牢抓实"七张问题清单",围绕问题发现、整改、评估的全流程,建立解决问题的闭环机制。通过紧紧扭住问题和创新这两个关键,以创新的实效推动问题有效解决、推动工作真正落地、推动胜利攻克"卡脖子"难关,这样的创新才有价值。

  通过不断完善我国大学创新力评价体系,形成一套科学严谨的大学创新力评价制度,将有助于对我国高校的创新实力、潜力、成果进行客观的评价与描述,并能够根据科学合理的高校排名结果和国家创新体系建设战略规划,有针对性地制定政策以提升我国大学整体的创新力,最终彰显我国高等教育在科技兴国层面上的现实意义。

  本书以探究中国高校创新力为研究主线,遵循"现状问题→核心概念界定和内涵分析→评价模型构建→评价实践与反馈"的思路,构建一套具有中国特色的大学创新力评价体系。在界定本书基本概念的基础上,对中国大学创新力的现状进行了分析,说明了本书的研究对象,确定了研究目标和内容;然后对中国大学创新力影响因素进行了识别,并针对目前中国大学创新力评价体系进行分析,发现其不足;继而设计云模型评价方法,选取"985"高校、部属"211"高校、省属"211"高校和普通院校共4所高校,通过问卷调查收集并进行创新力评分,分析4所高校的创新力,指出影响高校创新力的因素;通过实证分析,对如何提高中国大学创新力提出了建议和发展策略。

  本书是江苏省科技成果转化 JMRH 发展政策评估中心的阶段性成果之一,是集体智慧的结晶。陈红喜老师负责总体策划、框架设计和内容的审定,金俊阳老师负责问卷设计以及发放回收,并直接撰写了10万余字,丁子仪、何艺伟和朱晨杰参与了书稿的撰写。此外,课题组胡亮和邱月、冯雨、吕茂苗、郑格、马树文、朱晨、周晓琪、云中马、孙蓉等师生也参与了该书的相关工作。

  由于认知水平和人力、时间、精力的限制,书中难免有不妥之处,敬请广大读者批评和指正。

# 目 录

1 绪论 …………………………………………………………………… 1
  1.1 研究背景及意义 ………………………………………………… 1
    1.1.1 研究背景 …………………………………………………… 1
    1.1.2 研究意义 …………………………………………………… 4
  1.2 研究框架与技术路线图 ………………………………………… 6
    1.2.1 研究对象 …………………………………………………… 6
    1.2.2 研究框架 …………………………………………………… 7
    1.2.3 技术路线图 ………………………………………………… 8
  1.3 基本概念界定及阐释 …………………………………………… 9
    1.3.1 创新 ………………………………………………………… 9
    1.3.2 创新力 ……………………………………………………… 9
    1.3.3 大学创新力 ………………………………………………… 10
    1.3.4 大学评价体系 ……………………………………………… 10
    1.3.5 大学创新力评价体系 ……………………………………… 11
  1.4 文献综述 ………………………………………………………… 11
    1.4.1 创新力相关理论研究 ……………………………………… 11
    1.4.2 创新力影响因素的相关研究 ……………………………… 20
    1.4.3 大学创新力提升策略的相关研究 ………………………… 23
  1.5 相关理论基础 …………………………………………………… 24
    1.5.1 创新理论 …………………………………………………… 24
    1.5.2 协同创新理论 ……………………………………………… 25
    1.5.3 系统科学理论 ……………………………………………… 26
    1.5.4 评价学理论 ………………………………………………… 27

1.5.5 系统仿真理论 ····· 28

## 2 中国大学创新力评价现状及问题分析 ····· 30
### 2.1 中国大学创新力评价现状 ····· 30
### 2.2 中国大学创新力评价的问题分析 ····· 40
 2.2.1 主流评价体系的问题分析 ····· 40
 2.2.2 中国大学创新力评价问题分析 ····· 47
### 2.3 设计中国大学创新力评价体系的现实意义 ····· 50
 2.3.1 大学自身需求 ····· 50
 2.3.2 政府指导需求 ····· 50
 2.3.3 社会发展需求 ····· 51
 2.3.4 民族发展需求 ····· 51
### 2.4 建构以创新力导向的大学评价体系 ····· 52

## 3 中国大学创新力评价的理论分析 ····· 54
### 3.1 中国大学创新力的特征 ····· 54
 3.1.1 时代性 ····· 54
 3.1.2 注重新、旧的对比 ····· 54
 3.1.3 成果效益 ····· 55
### 3.2 中国大学创新力的构成 ····· 55
 3.2.1 大学创新力的核心构成要素 ····· 55
 3.2.2 大学创新力的关键组成因素 ····· 56
### 3.3 中国大学创新力的影响因素 ····· 58
 3.3.1 资源投入 ····· 58
 3.3.2 环境扶持 ····· 59
 3.3.3 成果输出水平 ····· 60
 3.3.4 收益回报 ····· 60
### 3.4 中国大学创新力建设的制度环境与组织维度 ····· 61
 3.4.1 制度环境的维度 ····· 61
 3.4.2 组织的维度 ····· 62
### 3.5 中国大学创新力存在的问题 ····· 64
 3.5.1 人才培养质量不尽如人意 ····· 64

3.5.2　原创性科研成果较少，影响力偏低 ·············· 65
　　3.5.3　科技成果转化率低，服务社会能力不强 ·········· 65
3.6　中国大学创新力评价构成的核心要素 ················ 66
　　3.6.1　学术声誉 ·································· 66
　　3.6.2　学科竞争力 ································ 66
　　3.6.3　师资力量 ·································· 67
　　3.6.4　学生素质 ·································· 67
　　3.6.5　财政资源 ·································· 68

# 4　中国大学创新力评价指标体系构建 ·················· 70
4.1　评价指标体系的功能 ···························· 70
4.2　评价指标体系的设计思路 ························ 70
4.3　评价指标体系的设计原则 ························ 71
　　4.3.1　实现系统性原则 ·························· 71
　　4.3.2　体现核心性原则 ·························· 71
　　4.3.3　保证定性与定量的适度结合原则 ············ 72
　　4.3.4　平衡数量与质量间关系原则 ················ 72
　　4.3.5　过程性评价指标与结果性评价指标相结合原则 · 72
4.4　评价指标体系的构建方法 ························ 72
4.5　评价指标体系内容 ······························ 73
　　4.5.1　人才培养创新性 ·························· 73
　　4.5.2　科学研究创新性 ·························· 73
　　4.5.3　社会服务创新性 ·························· 74
　　4.5.4　治理体系创新性 ·························· 74

# 5　基于ANP法的指标权重确定和评价模型构建 ·········· 78
5.1　ANP法的基本理论 ······························ 78
　　5.1.1　ANP网络结构的构建 ······················ 79
　　5.1.2　准则的权重确定 ·························· 79
　　5.1.3　元素间判断矩阵的构建 ···················· 80
　　5.1.4　超级矩阵的求解、计算评价指标权重 ········ 81
5.2　基于ANP法的指标权重确定 ······················ 82

5.2.1　确定一级指标权重 ·················································· 82
　　5.2.2　确定二、三级指标相对权重 ····································· 84
　　5.2.3　确定各级指标相对于一级指标的权重 ························ 88
5.3　ANP指标体系的构建 ···························································· 88
　　5.3.1　指标含义说明 ······················································ 89
　　5.3.2　评价体系的特点与优势 ········································· 91
5.4　基于ANP的模糊评价模型构建 ················································ 91
5.5　基于模糊评价模型的案例分析 ················································· 92

# 6　中国大学创新力评价的实证研究 ···················································· 96
6.1　云模型的基本理论 ································································ 96
　　6.1.1　评价等级的云标尺设计 ········································· 96
　　6.1.2　最底层的指标群数字特征值的计算 ·························· 97
　　6.1.3　次底层（上层）指标与整体云数字特征值的确定 ········· 97
　　6.1.4　云相似度及隶属度的计算，得到准确的评价等级结果 ··· 98
6.2　基于云模型的中国大学创新力评价实践——以A大学为例 ·········· 99
　　6.2.1　A大学创新力发展特点与现状 ································· 99
　　6.2.2　A大学创新力评价云模型构建 ································ 100
　　6.2.3　A大学创新力评价结果分析 ··································· 114
6.3　基于云模型的中国大学创新力评价实践——以B大学为例 ·········· 115
　　6.3.1　B大学创新力发展特点与现状 ································· 115
　　6.3.2　B大学创新力评价云模型构建 ································ 116
　　6.3.3　B大学创新力评价结果分析 ··································· 129
6.4　基于云模型的中国大学创新力评价实践——以C大学为例 ·········· 130
　　6.4.1　C大学创新力发展特点与现状 ································· 130
　　6.4.2　C大学创新力评价云模型构建 ································ 131
　　6.4.3　C大学创新力评价结果分析 ··································· 144
6.5　基于云模型的中国大学创新力评价实践——以D大学为例 ·········· 145
　　6.5.1　D大学创新力发展特点与现况 ································· 145
　　6.5.2　D大学创新力评价云模型构建 ································ 147
　　6.5.3　D大学创新力评价结果分析 ··································· 160

## 7 提升中国大学创新力的策略 ············································ 163
### 7.1 高校层面 ······················································· 163
#### 7.1.1 重视创新型人才培养 ······································· 163
#### 7.1.2 加强高校价值使命建设 ····································· 164
#### 7.1.3 推动组织内部改革 ········································· 164
#### 7.1.4 合理化人才配置 ··········································· 165
#### 7.1.5 建立现代大学制度 ········································· 165
### 7.2 政府层面 ······················································· 165
#### 7.2.1 注重创新协同发展,服务产业技术发展 ······················ 166
#### 7.2.2 加强政府的监督作用,确保创新资源与政策落地 ·············· 166
### 7.3 社会层面 ······················································· 167
#### 7.3.1 践行评价机制改革,助力大学高质量创新发展 ················ 167
#### 7.3.2 培育创新文化,营造良好的创新氛围 ························ 167

## 8 研究结论与展望 ···················································· 169
### 8.1 研究结论 ······················································· 169
#### 8.1.1 明确大学创新力的影响要素及评价体系的设计内涵 ············ 169
#### 8.1.2 分析主流评价体系存在的问题 ······························ 170
#### 8.1.3 设计出较为完善的中国大学创新力评价体系 ·················· 170
#### 8.1.4 利用云模型构建我国大学创新力评价等级界定模型 ············ 171
### 8.2 研究展望 ······················································· 171

## 参考文献 ····························································· 173

## 附录一 调查问卷部分 ················································· 181

## 附录二 利用 Super Decisions 软件确定二、三级指标相对权重图示 ·········· 185

## 附录三 大学创新力评价云模型代码 ····································· 187

## 后记 ································································· 190

# 1 绪 论

## 1.1 研究背景及意义

### 1.1.1 研究背景

创新是一个民族进步的灵魂,是国家兴旺发达的不竭动力。党的十九大报告提出"加快建设创新型国家",明确"创新是引领发展的第一动力,是建设现代化经济体系的战略支撑"。提高自主创新能力,建立自主创新型国家,是增强我国综合国力和国家竞争力的重要途径。高校拥有天然的多学科优势、丰富的人才资源以及多功能特性,是我国科技开发和创新的中坚力量,在国家自主创新方面发挥举足轻重的作用。为进一步提高我国高校科技创新能力,2012年3月15日,教育部、财政部联合印发了《关于实施高等学校创新能力提升计划的意见》,即"2011计划",旨在突破高校内外部机制体制壁垒、释放人才、资源等创新要素活力。2015年10月24日,国务院印发了《统筹推进世界一流大学和一流学科建设总体方案》,这是我国高等教育领域的重大战略决策。由此,如何提升中国高等教育的综合实力和国际竞争力,建设符合时代要求的世界高水平和一流大学,成为我国高校面临的重要课题。因此,系统分析我国高校创新能力现状和存在的问题,对于相关政策的制定和实施具有重要借鉴意义。

习近平主席在会见出席了2019年"创新经济论坛"的外方代表时提道:在当代中国,创新是时代的必然诉求,高校不仅要承担起创新型人才培育的责任,更要发展成我国实现知识创新的关键力量。此外,大学是开展原始性创新产出的关键发源地和落实科研成果技术转移的主阵地,所以大学要担起实现我国科学技术发展的重任。在创新驱动发展战略的实施进程中,我国高等教育院校具有独特且不可替代的核心作用。显然，提升大学创新力对推动大学切实履行职能、实现助力创新驱动发展的国家战略、提升国家核心竞争力，都有着重要的意义。众所周知，有效提升创新力的前提是对发展对象的创新现状进行合理评价。对高校的创新力进行科学、合理的评价可以协助相关部门精准把握各个学校的创新潜力和发展趋势、了解高校的创新成果与创新实力，将有限且稀缺的教育资源、科研资源进行高校间精准分配；高校通过客观的评价结果也能够明确自身定位与改善发展方向，推动大学创新能力建设和创新型人才培养。因此，大学创新力评价研究具有极其重要的理论价值与现实意义。

不同于以往任何一种评价，对于高校的创新力评价，不论是它的理论依据还是指标设计，抑或是在数据库的构建和相关数据的处理方法上，都有其自身的特征[1]。本研究试图在探讨大学创新力评价的概念、内涵、表现、界定范围和分类准则等理论基础上，结合教育部学科评估体系、双一流高校评价体系，以及上海交大、武汉大学、武书连团队等的既有评价成果，探索构建一套充分体现中国大学创新力特色的评价指标测度体系，以评促建，以评促改，以评促管，助力大学创新能力持续提升，推动大学努力成为催化产业技术变革、加速科技创新驱动的策源地。

大学创新力不仅是衡量一所学校竞争力的关键指标，更是推动建设创新型国家的重要支撑力。当今社会存在多种类型的创新主体，而大学在众多组织结构中扮演着关键角色。高校对于新知识与新技术的创造越来越受到社会各界的重视。简单来说，大学通过自身创新力的发挥，将有限的创新资源进行合理的利用与配置，通过知识与技术的产生、传播、扩散与转化，实现各类创新活动的开展，并在这个过程中为社会和国家培养高质量的创新型人才，最终形成该学校在创新力方面的竞争优势。一所高校的创新能力不仅是为了产出创新型成果，它更是学校的生存必备条件，是学校在时代浪潮中实现可持续性发展的必备基础能力。当高校的创新力偏低或创新潜力无法得到充分发挥时，高校将很难在激烈的社会竞争下占有一席之地[2]。因此不断完善我国大学创新能力评价体系，形成一套科学严谨的大学创新能力评价制度，有助于国家对我国高校的创新实力、潜力、成果进行客观的评价与描述，能够让国家根据科学合理的高校排名和国家创新体系建设战略规划，针对性地制定政策，以提升我国整体的科技创新硬实力，最终实现我国高等教育在科技兴国层面建设的提升。对大学创新力进行评估也有助于深入实施创新驱动发展战略，充分发挥创新引领发展的第一动力作用，实现科技创新、建设科技强国，培养国家和社会发展所急需的创新型人才。基于此，如何准确评价我国大学创新水平日益受到社会各界的关心与关注。实际生活中，社会群体对大学的了解渠道较为局限，公众无法客观地评价我国高校真实的创新能力。在这样的社会背景下，各类大学排行榜逐渐出现在人们的视野中。高校排名的现实意义主要体现在以下三点：①大学排名能够向社会大众传递较为真实且准确的大学发展水平，缓解由于信息不对称导致的理解偏差问题；②对于高校自身而言，客观准确的评价能够帮助学校制定发展战略，在学校的发展与运行过程中提供指引，帮助学校管理层明确发展与改进方向；③大学排名可以帮助政府在制定我国高等教育发展政策与战略，为社会组织服务学校科研、教育等活动提供指引与依据。

高校科研创新力评价既可对高校的科技创新成果进行衡量，又可对其学科建设、人才培养和制定发展方向提供信息支持，还可优化高校内的资源配置，提高投入产出比。同时，高校作为国家科技创新战略的先驱，其科研创新力的提升又对整个国家科技进步有巨大帮助。所以该评价工作的重要性不可小觑。但是，现有的评价制度在一定程度上不能很好地适应我国大学的创新能力评价的现状。从现有的各类评价排行榜的实用角度来看，它们在实用性上不能很好地应用到我国国内所有高校的评价过程中。学术界研究发现，许多评价体系的科学性及评价来源的数据可靠性、全面性都有待商榷。从政府扶持角度看，教育部自2011年以来发布了多个政策意见，在《关于进一步改进高等学校哲学社会科学研究评价的意见》中明确提到关于引文数据的问题，指出要正确认识《科学引文索引》(SCI)、《社会科学引文索引》(SSCI)、《艺术与人文引文索引》(A&HCI)、《中文社会科学引文索引》(CSSCI) 等引文数据在科研评价中的作用，避免绝对化，同时也要逐步改变以出版社、期刊等级等作为评价机构与个人科研能力标准的观念。两年之后国家发布的《关于深化高等学校科技评价改革的意见》以及《高等学校科技分类评价指标体系及评价要点》、《关于开展高等学校科技评价改革试点的通知》，以及在之后几年下发的《高等学校预防与处理学术不端行为办法》均对大学治理体系的相关改革方向提供了指引。在各类实施办法与意见中明确提到高校要不断对科研治理体系进行改革与完善，不断推动建设一个科学、客观且公平的学术环境，形成公平的科学研究评价体系，强化学术研究的发展制度改革。随着国家科技政策不断完善，社会层面也将更多的关注重点集中到大学的科学技术研究管理机制与改革、高等院校评价体系构建与改革上。正是这种社会背景的助推使得我国学术工作者开始从各个角度和层面对相关的理论展开了研究，在这个过程中，学者们通过在该领域的不断深入探索，发现了我国大学评价体系构建过程中的关键问题，并试图探究其重要的影响要素。基于众多学者的研究可知，构建一个客观、科学且符合我国实际需求的创新力评价体系的重点是选择适当的评价方法与指标。其中，邱均平等在研究中发现，关于科研创新力评价研究中有待商榷的问题主要体现在相关著述不足上[3]；顾萍等提出在建立大学科研评价体系的过程中要根据不同学校的类型构建客观且符合实际的评价模型，要从核心指标与扩展指标的角度进行评价与衡量[4]；张树良等提出，当下热门的评价体系虽然较为全面地涵盖了与高校水平相关的指标，但是各类排行榜间的标准性不足，缺乏统一的标准会导致评价机制无法在所有情况下均能高效运行，并且标准的不统一使得其评价结果的公平性、客观性受到影响，他们提出应当在评价体系构建的过程中充分考虑定性与定量指标，融合多种评价手段实现缺陷互补[5]；杨九诠认为CSSCI不能直接用来衡量学术水平，过分追求CSSCI的发表会使得科研活动趋向唯论文论，使得课题的研究成为功利化的工具，最终造成学术研究异化的恶性后果[6]。通过对前人的研究进行分析可知，如今我国高校不论是在科技创新上，还是在学术发展上都存在一些负面因素，这在很大程度上会阻碍大学的发展，进而严重影响大学的"科研学术共同体"的发育。

### 1.1.2 研究意义

高校是知识和技术的生产者和传播者，是科技创新的重要源泉，在国家创新能力建设中发挥独特的科技引领性作用。因此构建一个适用于中国大学的创新力评价体系有助于改善我国高校的创新力现状。从国家层面上看，科学性强的评价体系能够协助政府相关部门更加准确地了解大学的创新能力与创新潜力，为其更合理地配置稀缺的教育、科研资源提供参照系，同时也有助于推动大学创新能力建设和创新型人才培养。因此，大学创新力评价研究具有极其重要的理论价值与现实意义。不同于以往任何一种评价，大学创新力评价无论是在理论依据、指标体系设计，还是数据库建设、数据的处理方式上，都有其自身的特征。本研究试图在探讨大学创新力评价的概念、内涵、表现、界定范围和分类准则等理论基础上，结合教育部学科评估体系以及上海交大、武汉大学、武书连团队等的既有评价成果，探索构建一套充分体现中国大学创新特色的评价指标测度体系，以期实现以评促建、以评促改、以评促管的目标，助力大学创新能力持续提升与可持续发展，推动大学努力成为催化产业技术变革、加速科技创新驱动的策源地。

大学创新力评价是对大学创新情况的整体、全面、系统的衡量。但现有的主流大学评价和排名体系因其不同的评价测量目标，不能完全满足新形势下对中国绝大多数大学创新力评价的要求，主要体现在：①没有专门针对中国大学创新活动评价的指标体系。浙江大学和路透社的研究对象面向的是全世界的优秀大学，选取的也是全球范围内部分的顶级学校，中国的绝大部分大学都不在这些评价体系内，也就不能通过这些评价体系来了解中国大学创新性的整体情况；②面向中国全体大学的排行榜指标设计主要是综合性的衡量指标体系，没有突出创新性，使得"大而全"的巨无霸大学在评价体系中占据有利位置，而一些"小而精"的特色大学处于不利位置，不能以此作为高校创新力评价的核心依据。

通过开展中国大学科研创新力评价，继而提出提升中国大学创新力的策略，借以提高中国的综合国力，这种研究具有十分重要的意义。

（1）有利于推进我国创新体系建设和提高我国创新能力，从而提高我国综合国力。综合国力竞争的实质是经济、科技和人才的竞争。大学是培养人才、生产和传播新知识的重要基地，发展高水平的科研、培养高层次的人才和推动国家经济和社会的快速发展正是大学的主要任务。大学具有多学科综合、交叉的科研实力（特别是在推动原始性创新的基础研究方面有明显的优势）和大批思维敏捷、创新能力强的专家学者。这些优势将大学推上了担任建立和完善国家创新体系主力军的重要位置，在构建创新型国家中肩负着重要的历史使命。提高大学创新能力，将会使国家创新体系进一步得以发展和完善，也将提高整个国家的创新能力，是我国实现建设创新型国家战略的必然选择。大学是人才培养、知识生产和传播的核心阵地，是国家创新体系的重要组成部分。大学的创新力提升与国家的经济社会的发展、科技进步息息相关。大学创新力显著提升，国家综合实力的提高将获得重要保障。大学是人才培养特别是创新型人才培养的摇篮。改革开放以来，我国高等教育事业获得了长足的发展。高等教育毛入学率从1978年的1.4%上升到1998年的9.8%，再提高到2003年的17%、2014年的37.5%，2020年达到40%，2021年全国高等教育毛入学率为57.8%。高等教育实现了从精英教育向大众化教育的跨越式发展。改革开放后高等教育的大发展为国家建设的各行各业输送了大批高层次的人才。高等学校积极开展人才创新培养，做到厚基础，宽专业，加强通识教育提升学生的综合素质。高等学校还积极组织学生参加各种科技发明比赛、创业大赛等，参加课题研究，培养学生的创新精神和创新意识，为学生们成长为高素质高层次创新人才打下了良好的基础。

高等学校已然成为中国知识生产和应用的重要力量，科研人员及科研经费投入均有较大提高。发表论文数及科技成果获奖数均有较快增长。高校在进行教学和科研工作的同时，还参与了科技成果的转化与应用、技术转让、科技服务、国际科技交流与合作等活动，成为高新技术的辐射源。高等学校作为培养高级专业人才的场所，在进行日常的教学工作并为国家培养和输送大批建设人才的同时，也担负了部分社会人员的培训任务。高等学校的培训主要包括夜大、函授，以及各种培训班与辅导班等，为社会人员提供了进修、继续教育、岗位培训等机会，在提高国民素质和民族创新能力方面发挥了重要作用。以上这些都说明高等学校在国家创新体系中的地位越来越重要，但同时也有较大提升空间。

（2）开展大学科研创新力评价，意在为我国一流大学建设树立风向标，进而提升大学创新能力及大学综合实力。在知识经济时代，一切都瞬息万变，建设世界一流大学更是时不我待。没有科学的评价，就没有科学的管理；没有科学的评价，就没有科学的决策。大学科研创新力评价，可通过科学的方法得出科学的评价结果，通过中国和世界大学的比较，找出我们存在的不足，从而明确前进的方向，大力发展优势学科，整合力量协同创新，尽快缩短和世界知名大学的差距。大学评价结果是社会了解大学的快速通道，也可为政府部门的管理和决策提供可靠的定量依据，同时通过其评价功能，可为大学的竞争与发展提供定位信息。

（3）以一流大学建设为抓手，以提升中国大学创新力为目标，推动我国高等教育综合改革和一流大学建设，这既是目的，又是手段。一流大学建设，必将触发大学全方位的改革，如综合管理体制、人事管理体制、科研管理体制、创新型人才培养制度改革，建立起现代大学制度，力求在世界高等教育竞争中领跑。

基于此，本书拟通过构建一套充分体现中国大学创新力特色的评价指标体系，完善中国大学创新力评价排名与等级评价机制，并基于实证分析的评价结果提出对应的意见与建议，以期为我国大学创新力的管理与评估提供新方法和新思路。

## 1.2 研究框架与技术路线图

### 1.2.1 研究对象

本书首先对已有的国内外研究以及现行主流评价体系进行系统性梳理，提出研究问题，并依据当下的评价体系研究分析中国大学创新力评价的现状和存在的问题，根据问题和已有研究分析问题成因。随后，本书将界定大学创新性评价的内涵，构建中国大学创新性评价方法及体系，并进行模糊评价模型案例分析，随后选取4所不同层级的高校，分别是985高校、部属211高校、省属211高校和普通高校为例进行云模型分析并确定评价等级，根据评价结果分析原因，最后提出对策和建议。

## 1.2.2 研究框架

本书的研究框架如图 1-1 所示，具体设置如下：首先，对创新力以及大学创新力评价体系相关概念进行界定，明确研究思路；其次，对创新力的相关理论基础以及现状进行分析，得出其现实意义；再次，根据中国大学的现实情况构建创新力评价指标体系及其模型，开展案例分析；从次，在对 4 所不同层级的高校调研的基础上，从人才培养创新性、科学研究创新性、社会服务创新性、治理体系创新性 4 个维度对不同层级的高校创新力进行评价，得出不同层级高校创新力影响因素；然后，本书利用该评价模型分析得到的结果与实际发展情况相符且得当，证明本书的评价体系对我国大学创新力进行评价是有效的，具有实际应用价值；最后，在实证与案例研究结果的基础上，提出促进中国大学创新力提升的建议。

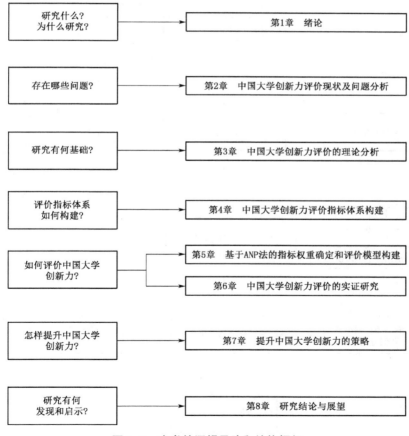

图 1-1 本书的逻辑思路和结构框架

### 1.2.3 技术路线图

本研究遵循"现状问题→核心概念界定和内涵分析→评价模型构建→评价实践与反馈"的思路，构建一套具有中国特色的大学创新力评价体系。与上述研究思路相对应，本书的技术路线如图1-2所示。

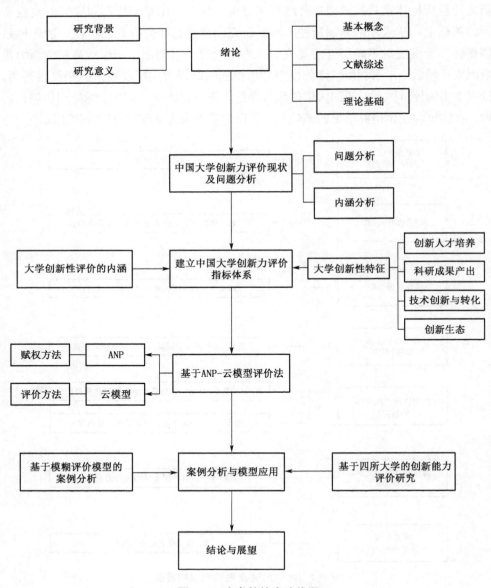

图1-2 本书的技术路线图

## 1.3 基本概念界定及阐释

### 1.3.1 创新

1912年，哈佛大学教授熊彼特首次提出了"创新"这一概念，并把它引入经济领域。他认为创新就是建立一种生产函数、供应函数，实现生产要素的从未有过的组合。20世纪50年代，创新的概念又被引入管理领域，并被赋予新的内涵，即创新就是指赋予资源以新的创造财富的能力的一种行为。英国学者弗里曼吸收了系统论思想，认为创新的本质是一个系统工程。创新是人类社会的普遍现象，也是人类社会进步的推动力量，人类社会发展史是一部充满生机和活力的创新史。随着知识经济时代的到来，创新成为一个越来越广泛应用的概念，创新决定着一个国家和民族的综合实力和竞争力。创新是指人们能动地进行的产生一定价值成果的首创性活动。创新的本质是突破，即突破旧的思维定式、旧的常规戒律。创新的重要性随着社会的发展日益提升。从创新的主体来看，主要有政府、企业、高校、个人等，本书主要研究的创新主体是高校。

### 1.3.2 创新力

创新力亦即创新能力，是指人们能动地进行的产生一定价值成果的首创性活动的能力。本书将创新力理解为直接作用于创新活动上的作用力，是组织产生新知识与新技术、推动生产模式与管理体制革新的助推器。创新力的水平直接影响对应主体在创新活动中的效率。创新力的发展需要多种因素的参与以及多种资源的投入，主要涉及各类创新主体、政府部门、中介服务机构以及相关的社会组织；实现创新力发展所需要的必备条件包括科研及管理类创新人才、创新资金及相关物质基础、完善的制度建设与健康的创新外部环境。从创新力的力量来源来看，创新成果的产出需要创新主体实现新知识与新技术的生产；从创新力的结果来看，需要创新工作者在科学技术与外部环境发展的综合影响下生产出原始创新知识与技术，或对现有学术成果进行补充与完善。教育学理论认为，能力是顺利地完成某种任务或活动所必需的内在条件的综合，是影响活动效果的基本因素。心理学理论认为，能力是直接影响活动效率，使活动顺利完成的个性心理特征。在这一概念框架下可以认为，首先，能力是和活动紧密相连的，离开了具体活动，能力就无法形成和表现；其次，能力是顺利完成某种活动直接有效的心理特征，而不是顺利完成某种活动的全部心理条件。

### 1.3.3 大学创新力

根据创新力的内涵，对创新力下一个明确的定义需要确定其主客体，不同主体其创新的对象必然有其侧重点。大学创新力是指高校有效利用各种创新资源，通过知识创新、技术创新、成果转化创新、管理创新等各种创新活动，培养高素质创新型人才，产出高水平科研创新成果，形成具有竞争优势的人才培养、科研、创新成果的综合能力。对于我国大学的创新力内核的理解需要从多角度进行考量。理解大学创新力的过程首先需要综合考虑学校在人才输送、学术领域研究、科学技术发展、科技成果转化与产业化等多角度的表现。大学创新力主要包含两个部分：其一，创新能力的构成要素。高校创新力的实质内涵就是强调综合体的资源整合能力，具体来说就是将创新人才资源、创新基础物质资源、相关管理资源，以及与教育教学相关的办学思路、教育文化资源和科技创新成果转化能力等多方面相关创新资源的整合，这些相关资源共同组成了大学创新力的实质内涵。其二，在对于大学创新力的理解中也要着重分析其理论基础和各个关键要素之间的相互连接与作用机理。显然，大学创新力的体现不是各个组成要素的简单加和，而是要重点关注大学是如何将各类要素进行运用与组合，使各相关要素能够推动整体创新表现和创新力的发展。总的来说，大学创新力的核心是如何提升创新组成要素的品质与规模，并对所有创新组成元素进行有机组合与应用，使元素组合推动整体发展。因此，本书认为大学创新力是指高校在科研创新活动中所表现出来的一种综合能力，以高校中从事知识创造、技术研发工作的相关人员为主体，利用整合企业、政府、金融、中介组织等相关机构的各种创新资源，不断进行基础科学、技术科学的知识创造以及相关技术的研发，并形成具有竞争优势的科研成果与创新特色的能力。

### 1.3.4 大学评价体系

大学评价体系是研究团队根据特定的评价需求对目标大学的相关水平进行分析与排序的过程，大学评价的结果大多以大学排行榜的形式呈现。国内外主流的评价体系虽然评价理念各有不同，但从数据来源和评价原则来看都具有较高的可靠性。大学评价体系需要根据评价目的设计指标体系并确定指标权重，随后对高校的某方面能力或整体的综合能力进行分数计算并按照得分情况进行排名。随着时代的发展，社会越来越多地关注大学的发展水平，客观、科学的大学评价能够帮助社会各界以及政府的相关部门对大学的各项能力进行直观的判断。

### 1.3.5 大学创新力评价体系

大学创新力包括经费结构、创新体制和创新成果的创新力,其中创新成果的创新力是其核心。无论是从大学能力构成,还是从大学研究领域来看,创新力都是大学水平与能力的指向。没有科学的评价,就没有科学的管理。大学创新力评价体系是在确定科学的评价指标体系的基础上,合理确定指标权重,在完成数据的收集和净化处理后,先对原始数据进行同向化和同度化处理,再得出科学的评价结果,为科学决策提供重要参考。

## 1.4 文献综述

### 1.4.1 创新力相关理论研究

#### 1.4.1.1 创新力概念与内涵的相关研究

对于创新本质的研究可以追溯到著名经济学家熊彼特1912年出版的著作《经济发展理论》,书中首次提到创新的本质含义并给予相应的解释[7]。书中提到在经济学范畴内,创新的过程就是建立生产函数、供应函数,通过组织内部的创造力提升来推进经济的发展,实现生产经济效益,最终实现对经济发展的促进效果。创新的过程是一种概念化推进的过程,这个过程的"新"是体现在实现新的思想、新的发现与发明、新的描述与内涵上,其三个层次的内核体现在"更新""改变""创造"上。此外,书中解释道,创新是现代经济发展的核心力量,要通过方法、技术层面的创新实现技术层面的提升与发展。任全娥曾提出,在如今这个呼吁创新的时代,创新已不单单局限在商业或工业生产领域,只有知识创新才能更好地符合当今的发展需求,推动社会的发展与进步[8]。在创新的概念界定过程中,陈建青认为创新可以分为两种:其一是在新的领域范畴实现新发展、明确新定义、产生新结论的过程;其二是在已有的研究基础上进行深入并提炼新内容[9]。周露阳从创新价值角度出发论证了"小创新"与"大创新"之间的区别[10]。杨建林等在文章中提到,现今对于创新的内涵定义范围逐渐宽泛并多元化,从早先的技术层面创新逐步扩展到知识与科技层面的发展与创新[11]。赵长轶等则从创新生态的视角下研究了技术引进、区域创新生态系统共生度与高技术产业创新效率之间的关系[12]。赵海静等认为高校学生的创新培养要从多元主体出发,以此来促进就业[13]。田敏从培养创新人才的角度进行研究,得出人才培养的优化路径[14]。关于创新的概念,目前国际社会有两个比较权威的定义:一是认为,创新不仅仅是发明创造,其含义比发明创造更为深刻,发明创造必须在经济上得以运用,并实现其潜在的经济价值,才可称之为创新。二是认为,创新是把想法和技术转化为能够创造新价值、促进经济增长和提高生活标准的新产品、新方法和新服务。国内学者比较认同的是把"创新"作为一个系统来认识。在这个系统中,"创新"指的是通过人(创新主体)的创新意识,对创新对象实施创新行为,使构成创新的各个要素在一定的时空内,获得对社会发展有益的创新成果的过程。综上,"创新"的内涵非常广泛,泛指一切有益于社会发展、经济增长、综合国力增强的一切人类社会与文化的革新活动,包括体制、文化等多种层面的变革。

  关于创新力的研究,研究人员最初主要围绕企业创新展开,局限于探索某一技术创新活动的微观领域研究,而后,上升到国家创新力研究这一宏观层次,将国家创新力作为一个整体来研究,系统探析其中的各种创新活动,并逐渐细分形成区域创新力、企业创新力、大学创新力、科技创新力等具体研究领域。创新力系统是一个复杂的系统,著名科学家钱学森曾指出:对于复杂系统的研究,普遍的研究方法是定性与定量结合的综合集成方法,可见,定量研究方法对于复杂系统研究的重要意义。作为一个复杂系统,学者们不自觉地在探索创新力量化研究的可行性。最早对创新力的量化研究源于科学计量学之父普赖斯的科研计量学雏形。普赖斯采用定量的统计学方法,对科研活动的联系与活动机制进行探索。按照研究层面和方法的不同,创新力的量化研究可划分为微观层面和宏观层面,其中微观层面的量化研究主要采用系统分析方法,宏观层面的量化研究依托复杂的系统模型开展。具体而言,微观层面创新力量化研究针对特定目标对象的创新力指标开展定量测评,首先通过建立评价指标体系模型(树形、环形或者网络型模型等),然后基于统计学的方法对具体指标值进行测验、筛选、修正和完善。但此方法对各指标间的非线性关系难以顾及,因此更多为特定实体的创新力评价服务,而难以为决策层提供宏观层面的创新战略支持。同时,由于不同创新指标体系未能形成统一的指标量化标准,导致微观创新力量化研究具有较强的主观性。宏观层面的创新力量化研究将创新看作是一个复杂的系统对象,通常依据创新投入、创新成果、专利数等总体指标对实体的创新力作宏观分析,但现有的宏观量化研究过于粗放,仍浮于表层,对创新系统隐藏的内在机理,例如系统内的层次性、系统各组成部分的交叉关系、系统整体的周期复杂性等未作深入探究。由此可见，宏观层面的创新力量化研究亟须对创新系统的内在机理和关系作深层次研究，细化宏观量化指标，形成更加细致、精确的宏观创新力量化研究方法。

显而易见，推动实现创新过程是需要创新力的，只有在创新力的驱动作用下才能产生大家所期待的"新的事物""新的思想"及"新的技术"，从而实现价值的产生。这一点在科学研究的过程中体现得尤为明显。首先，R.哈雷的研究结论指出科研领域的话语权要依赖于创新能力，因为理论的提升、学科领域范围内的知识传播是主要依赖于创新力的。显然，科学研究成果的衡量与评价是需要考虑在科研过程中的创新力的，与此同时，高水平的科研成果得以实现不断地产出并且在产出的同时保证有效的输出也是离不开创新力的[15]。从创新力的另一个角度来分析，就其表现形式而言，创新能力是实现某种结果的过程推动力；就其产生过程这一方面来说，实现创新过程是以个体行为的形式出现，而这种个体行为就是创新活动发生主体的行为表现过程；此外，从创新力实现的作用结果来看，目标成果的产生与落地是其主要的表现形式；从创新力塑造产品的层面来看，Woodman指出创新型产品的产生是创新力的最终产品表现，更是创新实现价值的能力体现[16]。除了以上学者的观点和研究角度之外，也有学者从实践层面出发对创新力进行了学术研究，Torrance就其研究结果阐述了创新力与信息交互之间的关系，他提出创新力在一定程度上能够有针对性地将问题间的信息进行连接，填补假设与实践之间的信息鸿沟。除了对创新力的基本含义进行研究之外，也有学者从基础概念出发对创新力进行扩充与引申。例如，Richard就将创新能力引申到了组织创新力，认为组织具备创新能力是十分重要的。从广义角度来看，组织具备创新力就在一定程度上使组织具备了提升和开展组织变革的能力，他们在此基础上对组织创新力进行了更加详尽的表述，提到组织创新力的实现是需要经过过程创新、产出创新、创新成果应用到对应的主体或者场景等诸多层面的元素间的相互影响与作用上的[17]。学界对创新能力概念的界定随着研究的深入不断进行完善和扩充，在这个过程中有相关学者对创新力的划分进行了系统的讨论，蒋伟伟就提到了学术创新力的相关内容，他认为学术层面上的创新力可以理解为是在技术层面上的提升与发展，并且将学科发展切实地进行应用的过程，这就是对知识层面的创新成果进行创造并获取的集中体现[18]。除此之外，苏新宁在他的研究文章中指出，创新力、影响力、竞争力之间存在着一定的关系与连接，并对三者之间的相互作用进行了详尽的阐述[19]。学界除了对创新能力的概念进行不断的深入研究之外，对创新力的评价也进行了不断的探索。其中，著名学者沈固朝教授就曾指出，评价过程尤其是在知识与学术层面的评价是推动学科发展的重要动力，沈教授认为学术研究应当以追求高水平的成果产出为目标，因此从学术成果产出以及知识层面的创新力来看，就要在评价过程中更加注重统一性、高凝聚性等标准[20]。从这一角度来看，更加能突显在对创新力进行评价的过程中使用一个健全并且全面、高效的评价体系的重要性。大学创新力的概念是由创新力和组织创新力的概念延伸而来的。从词源学看，创新（create）的拉丁文是 crerre，意思是产生或者引起生理上的意识，也具有发生或者产生的意思。使用词源学作为导引，创新力作为一种创造力，可以和各种形式的思维能力，例如观察力、洞察力和猜测力区分开来。在同样情况下，要把私人活动和公共活动区分开来，要把创造性的产品的原因和结果区分开来，而且要把创造品质和它的基础区分开来。一些研究者把创新力定义为在任一领域内新颖的和有价值的思想的产生能力，并且认为个人或者组织的创新是革新的起点。博费尔把创新力定义为实现创造性产品的能力，意味着这项工作是重要的、原创的、独一无二的，而且在它的领域内取得了最高水平的成功。但是这个界定不能把创新力和原创区分开来，也不能把创新能力和创新过程区分开来。学者对"创新力"内涵的界定，归纳起来大致有四种不同的理解：一是主体说，如创新力评价按研究主体可主要分为企业、区域、大学三类；二是能力说，把创新力看作是由不同种能力组成的能力集合；三是关系-系统说，把创新力看作是各要素相互作用的机制及环境投入-产出并对社会开放的系统；四是要素说，如文化创新力、资源整合力和领导执行力构成了大学教育创新力。综上，说明了创新力是一个复合型、本土化的概念。创新力应该是一种作为主体的人和作为主体的组织或组织系统"创造新事物的才能和力量"，在创造新事物的过程中形成各要素集合的开放动力机制系统。

#### 1.4.1.2 大学创新力概念与内涵的相关研究

科学技术和经济社会发展的历史表明，高等教育的发现和发明已转化为生产力后的经济和社会发展的一个显著的影响因素。在知识经济时代，高等教育的作用也越来越大。知识创新主要依赖于基础研究，高校作为基础研究的主力军，逐渐成为知识创新的重要基地。现如今我们身处社会发展的新纪元、一个发展依靠创新推动的新时代，在这样的时代背景之下，高等教育院校在推动我国科技创新发展的过程中的作用显得尤为重要。大学为国家和社会不断输送优秀的学子，向科技发展事业不断输送新型技术人才，这些高水平人才是我国实现科技创新快速高效发展的核心力量。但现如今大学的作用已经不单单是输送人才,它的存在更是要为推动我国社会生产力发展、为实现产业技术转型升级提供源动力。在世界范围内,大学都是科学技术生产的承载者,是实现经济社会产业技术提升的主导者与开路者。因此,高校的科技创新实力与发展越来越受到社会的关注。

  刘宝存认为大学的创造力是指有效利用和优化创新资源的能力,通过知识创新、技术创新、成果转化,输出高质量的研究和创新成果,培养高素质创新人才,形成有竞争力优势的科研和创新[21]。知识和技术创新能力是大学创新的核心,也是其创新的最重要的内容。对于大学,尤其是在世界一流大学,知识和技术的创新不仅是指通过科学的研究提供新的科学和技术知识,还包括所有可产生新知识、新技术,提高人类的财富知识。大学创新力,首先体现在知识创新上。想要实现科学知识领域的更新和发展,第一位的是大学基于基础研究成果实现新知识的创造与应用。其次,为了将新知识真正落实到生产水平的提升上,大学需要关注科技成果的转化与落地,将知识创新成果应用到市场化的生产过程中。这一发展流程就要不断地向大学投入必要的研究资源,利用科研团队的学科优势和专业领域的核心竞争力对有限的资源进行最充分的利用。基于此,对于高校层面的创新力而言,其内核要求就是实现知识与技术的共同发展与更新。就我国而言,大学是实现科研领域创新的排头兵、主力军,尤其是高水平大学的创新成果更有希望能推动我国社会乃至人类社会的发展,因此大学应当明确自身肩负的责任与使命,创造属于全世界共同的知识技术财富。对于大学创新力内涵的理解,应该是科学、客观地反映了大学在人才培养、科学研究、技术开发、并在成果、科技产业协调发展的过程中互相促进,使得它不仅反映大学自身的规律,也体现了其中共同特点的科技创新活动。这主要包括两个方面:一是分析大学创新力的构成要素。确认大学创新力内涵是强调创新要素的有效组合和互动发展的综合体,其要素主要包括人力资源、物质基础资源、管理资源、办学理念、文化资源以及创新产出与转化能力等,所有的要素资源、管理资源与环境资源共同构成了大学创新力的内涵。二是分析大学创新力研究的理论基础及各构成要素之间的相互关系。大学创新力不是各构成要素的简单相加,而是强调这些要素之间的有机组合、互动发展和整体运行。因此大学创新力内涵既强调所有构成要素的品质和规模,也强调这些要素之间的有效组合和互动发展。高校在建设创新型国家进程中发挥着重要作用,它既是创新人才的培养摇篮,又是创新活动的联系纽带。在知识经济时代,中国大学的发展面临着前所未有的挑战,21世纪综合国力竞争日益加剧,大学的人才培养、知识生产、科学研究、社会服务是形成国家创新体系的核心，是一国综合国力发展和国际竞争力增强的重要支柱。中国高校创新体系的日臻完善，为提升中国大学创新力打下了良好的基础。国防科技大学的刘书雷等研究了高校科研团队的创新能力，从人员队伍、条件基础、文化环境、科技投入和科技产出等5个方面制定了一个评价指标模型[22]。湖北经济学院的覃伟从高校学生的角度评价高校创新力，认为评价应侧重学生的创新素质和意识，以及高校科学技术与文化的创新[23]。祝汉民则侧重于用论文引用率来对科研创新力进行评价，并指出了国内论文引用率不高的三个因素：有缺陷的管理制度、不完善的评价体系和浮躁的学风[24]。徐小洲等认为大学创新力是指高校有效利用各种创新资源，通过知识创新、技术创新、成果转化创新、管理创新等各种创新活动，培养高素质创新型人才，产出高水平科研创新成果，形成具有竞争优势的人才培养、科研、创新成果的综合能力[25]。丁建洋则主要从要素、结构、主客体、历史发展等维度进行了分析，提出大学创新力是大学为促进知识体系以及知识运行体系的发展而形成的以组织-权力信念为基本要素的动力机制系统[26]。综上所述，大学创新力是指大学的功能、要素和结构三者之间的相互作用而形成动力机制系统的过程，最终促成动力机制系统的发展，形成不同产出的创新能力。国内外对大学创新力的理解有些共识，即都关注创新主客体、大学科研组织机构、先进的实验室等硬件设施的建设，但又存在很大差异，主要表现在：其一，国外对"创新力"研究表现为主要从心理学角度切入，着力于理论探索，侧重于定量研究；其二，国内对创新力的理解大多局限于"能力""发明"和"创造"上，对本土化和地方化的文化因素关注不够。而国外对创新力的理解，多是把创新力的实现融入文化因素中；其三，国外对"创新力"的理解相对宽泛一些，倾向于参与变革和革新的复合能力。

  在建设创新型国家的过程中，大学发挥着至关重要的作用。这并不仅因为它们为祖国培养创新人才，更是因为它们是多种创新活动中各个参与主体间的纽带与支柱。在这个知识与经济并重的时代，我国正在面临着前所未有的巨大挑战，21世纪是比拼各国综合国力的时代，大学需要在时代的浪潮中迎难而上、迎接挑战。我国大学承载着人才培养、知识创新、学科研究、服务产业生产等重要任务，是我国创新体系中至关重要的一环，更是我国提升综合国力、提升国际竞争力的中流砥柱。在我国，高校的建设需要响应国家的科技创新发展需求，随着我国创新体系的日趋完善、创新规模的日益扩大，国家投入的财政力度也随着创新活动的发展而不断扩大，这都成为提升中国大学科技创新能力的基础保障。在我国，高校要承担育人、教学、科研、创新、服务等多项职能，从这个角度来看，想要衡量中国高校的创新能力就需要综合考虑多个方面，包括人才培养创新能力、学科研究创新能力以及高校的社会服务能力等。也正是由于大学的这种复杂职能与角色担当，让我们在大学创新能力评价的过程中很难直接进行简单的量化分析，需要对其多方面的发展角度进行定性的分析与评价。

国内外学者对大学创新力的研究，主要集中在大学创新力的主体、构成要素及其功能、大学创新力评价和大学创新力的影响因素这几方面。经过文献梳理、分析，笔者认为其研究表现出以下特征：一是研究对象和范围较为狭窄。国内众多学者对大学创新力的研究通常局限于探讨某一层次或某一领域内的大学创新，研究对象和范围较为狭窄，例如专业课程、学科、教学教法、科学研究、人才培养等方面，没有对整个大学的功能进行整合，尤其是缺少对文化传承这一时代发展的功能进行综合探讨。二是描述简单。大多数研究者对大学创新力所具备的要素仅停留在简单的描述层面，对各要素的重要程度、结构及其相互作用的机制等问题没有深入研究，导致了研究结果的主观性、表面性和片面性，经不起实践的检验。三是缺乏系统性。对于大学创新力应具备的要素特征，研究者们仁者见仁、智者见智，对大学创新力的素质特征测评指标要素的组成和各要素赋分权重都提出了不同观点，在确定指标要素和赋分权重过程中，研究者表现出了较强的主观性，因而难以构建系统的大学创新力的结构模型。四是忽略隐性特质。关于大学创新力特征的测评，已有研究忽略了对教学科研、管理机制、文化等隐性特征的测评。在大学创新力的测评中，忽略创新力特征的这些隐形特质，难以衡量大学创新力的要素特征是否与其院校发展要求相匹配，难以预测大学未来的发展潜能。五是忽视机制特征。多数要素特征忽视了诸如"组织更新力""组织领导力"和"文化作用力"等管理机制及文化因素对"大学创新力"发展的影响，难以对"大学创新力"的素质结构做出全面评价。六是缺少实证研究基础。关于大学创新力评价方面的研究，由于大学主体发展的层次性、大学创新力内涵的丰富性、大学文化传统差异性、研究方法的单一性，其相应的指标体系也必然呈现出复杂性、多样性、模糊性等特征。目前关于创新型人才评价维度主要集中在可量化的投入及业绩成果评价等方面，评价也是从某方面尤其是科技角度来进行的，针对大学功能的各影响要素进行的评价与测量较少，尤其缺少实证研究，难以对大学的创新力要素进行系统的研究。

针对目前大学创新力研究存在的问题和特点，笔者预测未来大学创新力研究将具有如下的发展趋势：第一，从单项走向综合。大学创新力的来源是企业创新力、区域创新力、国家创新力，其核心是科技创新力。大学创新力因其大学自身功能而决定其必然从科技创新力走向多功能的综合创新力。第二，从要素走向功能。从评价的指标体系来看，大多数学者都在关注到底由哪些要素组成，这是逻辑起点，但各个要素具有的功能尚未作深入探索，这是进入到要素相互作用机制的前提，但未来要素功能及其相互作用的机制将成为走向实践的方向。第三，从规模走向结构。创新力要素数量规模发展迅速，但创新力的要素结构调整滞后，这是创新力实现的要义所在。因此，未来创新力将从重视数量规模走向结构要素优化调整的方向。第四，从核心走向边缘。建立创新型国家是以科技创新为核心，但科技创新的实现离不开价值、制度、物质形态创新，大学创新力核心体现是科研创新。创新力是复合概念，大学创新力必然将从大学的科研创新走向人才培养、服务社会乃至文化传承的创新。第五，从静态走向动态。目前，大学创新力的评价沿袭大学评价国际委员会的"SOCIAL"原则，构建了国际大学创新力评价指标体系。但这些评价指标体系忽视了大学创新力的实现过程，未来的大学创新力将更加关注创新力形成机制，而机制是动态的指标。因此，研究未来的大学创新力机制这一动态模型更有意义。第六，从效能走向潜能。大学创新力评价更多地关注经济效益，遵从投入-产出这一经济学的思维，该评价路径忽视了大学创新力所包含的养育、积淀，忽视了对大学创新力的形成过程和其潜能的预测。因此，大学创新力评价将从效能走向潜能预测的探索。第七，从评价走向发展。大学创新力评价的主观和客观作用的结果成为大学获得各种资源的渠道。在我国高等教育分类指导思想作用下，促进不同院校的发展将成为大学创新力关注的方向。第八，从制度走向文化。大学创新力评价直接提供制度创新的依据，以便促进大学创新力的实现。从微观层面院校个体发展的角度看，大学创新力评价应更关注个体院校文化的作用，大学文化的创新是大学创新力实现的真正根源和动力源泉。关注大学文化建设和创新，就是从源头抓起大学创新力的培育工作。

### 1.4.1.3 大学创新力评价的相关研究

1) 国外方面

2002年，芬兰学者Manner对高校科研创新的责任进行了全面阐述，他认为高校应当承担起连接科研与创新的责任，在科研中全面进行创新思维活动。Garnatje和Vallès从生物学和心理学角度阐述了评价对科研工作带来的积极作用，指出评价工作在科研活动中有着举足轻重的地位[27]。Wang和Xin从企业知识管理角度出发，对知识创新力评价进行了深入研究，认为创新是推动一切智力活动进步的力量[28]。对领域内创新力的评价，可以实时监控科研进展并给予引导。Bornmann 和 Marx 把科学计量学的评价标准应用在自然科学领域，尤其是高校各层次研究人员的个人工作中，给出了一些具有实践价值的建议，目的在于将科学计量学的方法用于评价科研创新力的工作中，并指导自科科学创新工作的开展[29]。Verspagen 以知识产权转移产品为切入点，对欧洲高校的科研能力、创新系统和知识转移成产品的经济效益进行了全方位的研究，他通过实证研究，以大量数据和事实对欧洲大学科研创新力进行了综合评价[30]。Toker 在 2006 年提出了以高校"工作厂"理念来促进科研创新的想法，他认为高校目前的知识产生模式处于不断变化之中，基于知识组织的模式将会提高高校科研效率，但他并没有对这个模式做出科学评价[31]。加拿大 Ottawa 大学的教授 Champagne 则是通过对来自城市、城镇、乡村等不同级别的大学进行对比，分析了其科研创新活动开展的规模，对科研能力与创新能力等指标进行了比较分析，指出大学是科研创新工作的主力，该研究是高校科研创新力评价相关领域的一个独特视角[32]。西班牙学者 Martín 通过对 Salamanca 大学教师教学过程的大量跟踪观测和实验，证明了计算机对科研创新力具有重大影响，并且据此提出了改进高校科研创新能力的合理方案[33]。美国 Calif Berkeley 大学的教授陈昆和 Kenney 选取了北京和深圳两个城市的多个大学和研究所，进行了大学和研究所之间科研创新力的对比评价，并指出存在于中国大学科研创新中的问题，具有很大的借鉴意义[34]。

2）国内方面

梁燕等利用层次分析法分析了高校科技创新能力[35]。刘娟娟把灰关联聚类法应用于高校科研绩效评价中[36]。侯启娉讨论了 EDA 在高校科研绩效评价中的应用，其结果表明，对于高校教育的投入与产出的复杂关系，可以运用 EDA 方法较合理地进行衡量[37]。王凤香参考了平衡积分卡的结构，结合高校的科研战略，构建了科研评价体系[38]。叶国荣为评估高校科研团队的科研成效、核心竞争力及研究潜力，建立了一种基于 BP 神经网络的科研绩效评价模型[39]。廖文秋将主成分分析法进行延伸并提出了一种因子分析法[40]。中南大学的王雪珍把高校科研绩效评价作为研究对象，设计了一套评价指标体系，不仅能反映科研项目成本与效益的关系，还可为提升高校科研创新力提供参考[41]。广东商学院的郑确辉参考美国《基本科学指标》，为我国高水平大学科研竞争力的指标体系构建提供了思路[42]。山西大学马瑞敏等在对中国高校创新力进行评价研究时，提出了分类研究的方法，从三个方面进行分析：地域、类型和平台。这三个指标充分考虑了国内目前大学分类级别和创新平台的级别以及实验室、学科、导师、论文的不同级别之间的差异，对于我国高校科研创新力评价具有重要的意义[43]。西北大学的刘丰从学科交叉建设的角度提出了提升高校科研创新力的新思路[44]。这个层次的研究出现了许多值得借鉴的评价体系，但缺乏实证案例的验证。中国人民大学的吴建南等着重分析了国家重点实验室绩效评估体系，从评价的定位前瞻性、指标科学性、方法多样性和结果适用性的角度，对评价"985工程"科技创新平台绩效提出了建议[45]。邱均平等对高校创新能力的评价选取了"创新平台""创新人才""创新成果"三个一级指标，和学科建设、实验室、杰出人才等12个二级指标和33个三级指标[46]。武汉大学的邱均平、赵蓉英等以材料科学和工程学为实证案例，对国内"985"高校的科研创新力进行了计量评价，运用科研的生产力、影响力、创新力和发展力等四个指标，通过一定的数学方法计量了国内"985"高校这两个学科的科研竞争力，并提出了发展对策[47]。对于地方高校的科研竞争力评价目前也出现了很多研究范例，例如闫海燕和刘小明分别对浙江省与福建省的高校科技创新能力进行了评估研究[48-49]。北京师范大学的李函颖通过对英国大学科研创新力的探讨，总结其创新力突出的几点原因，为国内大学提供了借鉴[50]。同时赵蓉英等也对中美大学的科研创新力进行了对比实证分析，指出了我国高校相对于世界一流高校科研创新力的不足，并提出了指导意见[51]。浙江理工大学的隋秀芝等从高校的总体科技创新力、创新力学科分布、创新团队和作者群、主体科技创新能力、创新成果的国际影响力等几个方面阐述了浙江省高校科技创新力的发展情况[52]。这个层次的研究更加重视理论与实践相结合，采用科学的评价标准来对某一具体的案例进行分析。

### 1.4.2 创新力影响因素的相关研究

#### 1.4.2.1 国外相关研究现状

与国内的研究历史相比，国外对于创新力影响因素的研究可追溯的历史更长，研究结论更丰富。众多学术观点从不同角度对创新力的影响因素进行了分析，本研究通过对文献和学术专著的整理将其划分为创新团队成员因素、内部环境因素与外部环境因素三个部分。

1) 创新成员因素

Zaccaro提出，新成果的产生离不开人的作用，因此创新团队的核心人员对整体的成果展出有着至关重要的影响和作用。此外该学者认为，科研团队的个人行为与创新意识和团队的成果产出质量是密不可分的，并且团队中的关键领导与高水平科研人员的决定性作用更大[53]。Smith结合实证的相关研究方法对49个处在工业领域的科学研究机构和团队展开分析研究，其结果表明科研队伍的核心关键人物的领导能力对团队整体的人文发展、科研热情升温起着关键作用，核心人物在带领团队方面的能力和水平对于团队和整个科研单位的成果产出有着不可小觑的影响[54]。除此之外，还有诸如Anderson等学界代表就团队参与者的个人因素影响展开了研究[55]。

2) 内部环境因素

不论任何组织和单位都需要具备完善的组织构架才能推动组织向更好的方向发展，这一点在科研机构中也显得至关重要。基于此，Drach-Zahavy在他的相关研究中提到，科研团队创新力的可持续发展以及科研活动开展的高效性都会受到所在组织构架的合理性的影响[56]。此外，Hackman及著名学者Gladstein都在他们的核心论文中对组织内部环境稳定性与科研机构创新能力之间的关系展开了研究与分析，分别从不同的实证研究主体印证了团队拥有一个健康且向好发展的内部组织环境能够对创新组织的创新水平发挥有着积极作用这一观点[57-58]。

3) 外部环境因素

对于创新活动而言，社会环境、信息传递环境等都是能够影响创新机构的创新效率的，具体来看，一个良好的外部环境需要涵盖社会的健康创新氛围、畅通无阻的创新信息交互渠道，以及学术界良好的交流环境和认同度。在外部环境对创新组织创新行为的影响的相关研究中，Quinns在对84个相关团队和机构的案例分析后得到研究结论，认为在诸多影响团队创新水平的因素中，良好的外部环境起着至关重要的作用，一个良好的创新氛围能够激发团队创新热情，带动组织与外部环境进行信息交互，推动资源共享，提升组织成员在科研方面的水平与能力，进而提升创新产出的质量[59]。此外，同样开展实证研究的著名学者Bettenhausen在研究影响组织创新力的关键因素的论文中提到，除了科研团队中成员自身具备的科研水平和科研学习能力对整体的创新发展有着重要影响之外，团队与外部环境间的信息交流和相互学习的能力同样重要。也有学者对外部环境氛围和创新组织的创新水平之间的关系进行了论证[60]。在此基础上，Furman等人更是从更加宏观的分析层面拓展了研究视野，他们通过对17个OECD国家的相关数据进行采集，根据所搜集到连续24年的相关数据的分析得出，科研组织所能够获得的科研投入以及国家能够提供的配套创新设施与政策扶持都能够直接作用于创新团队的创新活动，并且通过进一步的分析可知，政府部门也能够通过营造创新外部环境对创新团队进行把控和引导[61]。

### 1.4.2.2 国内相关研究现状

对于科研团队创新力的影响因素，国内学术研究人员首先将目光集中在企业的相关创新活动上，在此基础上随着国家创新体系的不断完善、参与创新的主体范围的不断扩大，大家将相关领域的研究主体逐步进行开拓，将目光转移到我国的高等教育院校以及各类科研院所中来。

首先，从国家政策层面来看，2003年我国科技部就在《科学技术评价方法（试行）》中明确提出，在开展我国科研组织的评价与评估过程中要提高对团队创新能力的重视程度，将科研机构的原始科学研究创新产出作为评估的重点。随后，王磊等人利用实证研究的方法对高校的创新能力展开讨论，首次将核心竞争力的相关理论融入创新力学术研究内，其研究发现，高校的绩效评价结果、创新氛围的文化建设以及创新收入的利益分配方式都是影响高校的创新能效的重要影响要素，并在此基础上对提升我国大学创新力发展的相关动力机制进行深入探索[62]。此外，著名学者周立等将研究聚焦在创新团队对区域经济的影响作用上，并在研究中发现主流的科技创新力评价机制存在一定的缺陷，他们认为指标权重的赋值不够清晰客观，该问题将会导致评价结果失去客观性与科学性，并且指标权重有所偏颇的评价方法在实际应用中也是很难开展下去的，从而失去了现实研究的意义；除此之外，周立等学者还在他们的研究中利用将因素分析和聚类分析相结合的研究方法，分析了我国省域内的创新水平影响因素，并利用研究团队构建的评价模型就省域的创新力进行综合评估，探究提升我国科研团队创新水平的路径[63]。黎庆兴等同样对科研机构尤其是教育机构的创新能力的核心影响因素进行了研究，他认为许多环节都能对创新力产生影响作用，并且将其划分为两个板块，即内部影响因素和外部影响因素[64]。具体来说，内部影响因素包括机构、团队的运营管理机制与人才结构、团队发展战略规划等；外部影响因素主要包括创新生态系统建设水平、信息交互平台建设水平，以及相关政策环境的扶持力度等。卜琳华等人同样围绕科研组织的创新能力的影响因素展开讨论，研究团队将影响创新力的核心要素归为5大类型：组织领导水平、管理结构模式、创新文化氛围、科研人员自身科研水平和团队创新发展潜力[65]。著名学者钱玲飞、杨建林等创新地将灰色关联度引入到创新力评价的研究领域中，他们通过将科技创新能力与创新成果评价之间的关键信息展开关联分析，根据根系结果确定评价体系的指标权重[66]。

### 1.4.3 大学创新力提升策略的相关研究

随着社会的不断发展，经济一体化早就成为当今的经济发展的主流声音，在这样的时代背景下各国将更多的注意力转向创新发展，因此国际经济社会逐步向知识经济过渡。国家科技创新实力的提升不单单能够促进本国的发展，也能够助力国家综合国力和国际竞争力的提升。高等教育院校作为国家创新体系中的关键成员也要紧随时代发展趋势，提升创新综合实力。因此，如何实现高校创新力向着又好又快的方向发展成为当今学界讨论的热点话题之一。

#### 1.4.3.1 国外相关研究现状

国外学者对于创新力水平的提升路径有着系统性的研究，最早可以追溯到20世纪90年代。美国著名学者罗德斯在其2007年的学术著作《创造未来：美国大学的作用》一书中提到高等教育机构对美国的社会发展起到了至关重要的作用，并且通过对研究类高校的发展历程的研究揭示了21世纪的美国研究型高校的特征：倡导学术自发性与独立性，提倡为科研人员和学校教师提供一个自由的创新环境；重视社会责任；立足于美国社会发展，为提升国家的科技创新水平服务；强调学术研究的自主性与独立性；重视学校的教育教学职能，将学生创新能力的培养放在学校创新发展的首要位置；要充分利用先进的研究成果与研究设备；提高对研究成果质量的要求，保证创新活动高效高质进行；在人才培养方面要将人文教育与专业技能教育相融合，不能有所偏废[67]。

Keller 在其书 *The Rise of America's University* 中提到，哈佛大学作为一所国际知名院校自20世纪30年代后就不断进行学校内部组织构架的革新。哈佛大学的例子能够在很大程度上引起学界对于大学机构体制变革的关注，让后来的学者们从组织变革视角对大学创新力提升策略展开补充与扩展[68]。

#### 1.4.3.2 国内相关研究现状

相较于国外的系统性理论研究，我国相关组织机构以及学术研究人员则是站在我国自身发展的立场对提升我国高等院校创新能力的路径进行研究。关于我国高校如何更好地实现创新能力的提升，周济曾在中外大学校长论坛的讲话中提到，要将对创新制度体制的改革进行到底，通过提升相关制度的适配性来实现高校创新能力的提升。

研究发现，助力大学科技创新水平提升首先要充分进行制度革新。谢焕忠曾在文章中提到要将制度改革的方向既定为如下：完善高校科研团队的人才制度，提升对科研人才的鼓励与帮扶力度；落实高等院校教职工创新就业制度发展革新；完善校园创新文化氛围建设，鼓励在校学生参与创新活动[69]。王占军同样认为制度环境是影响大学创新力的主要因素，教育政策的改良是提升大学创新力的重要手段[70]。

徐小洲等将我国大学创新力发展与世界顶尖高校进行对比，分析我国高校与世界高水平高校之间的差距[71]。其文章指出，要提升我国高等教育院校对高水平科技创新人才的吸引，实现学校自身创新人才水平的提升；在学校的科研成果方面，要强调成果质量与转化率，致力于从根本制度导向更新大学科研团队的创新活力，将创新潜力充分发挥到新成果的产生上。傅建芳等从我国经济发展的外轮廓特征角度入手，就高等教育院校与知识经济间的关系问题展开讨论，其书中提到，国家要根据自身的发展水平制定大学的发展战略，为我国的创新力提升提供建设性的指导意见，为我国高校科技创新能力发展在制度理念、体制机制改革以及教育教学等方面提供对策与建议[72]。葛继平等将研究的关注点聚焦于产学研的协同发展与大学创新能力之间的关系上，研究发现大学能够通过积极参与到产学研协作发展的过程中，实现自身科研水平的提升，并且将生产出来的"新知识""新技术"应用到实际的生产过程中，提升创新成果的转化率，进一步展现大学的社会贡献价值[73]。张卫良对高等教育机构的核心竞争力影响因素展开研究，分析讨论了高校具备竞争优势的内核要素，指出高校的竞争力会受到其创新力的影响，其核心是通过创新力的不断提升作用于高校的整体水平的进步[74]。在此基础上，成长春从大学核心竞争力的角度入手，设计了一份以我国高校为研究对象的评价体系，利用构建的评价模型进行了实证分析，随后利用分析结果得到影响大学创新水平发展的相关制约因素并提出相应的政策建议[75]。王占军对大学创新力影响因素进行分析之后提出，建立现代大学制度以及变革组织内部治理结构是提升大学创新力的重要手段。

## 1.5 相关理论基础

### 1.5.1 创新理论

创新这一理论是由英国的 Freeman 最早提出的，作为经济学家的他在一项对日本的研究中提到，二战的失败让日本的经济水平和科学技术水平均大幅度落后于世界，在这样的客观背景下该国快速推动经济发展，提升科技水平。在这个过程中的关键转点就是 3G 技术的掌控，此时日本凭借科技实力的飞速发展让它在不足百年间就成功跻身工业大国的行列[76]。在此基础上有学者梳理科技创新的相关概念，对于科技创新来说其首要内核凝聚在"新"字上，学者将其详细描述为三个层面。第一，"新"强调新知识的产生与扩散，以及新技术的研发与应用；第二，"新"包含生产与经营方式的革新；第三，"新"要求产品的更新以及产品质量和服务水平的创新。熊彼特认为，"发展"或者"创新"，其实就是实施"新组合"，即"以新的方式来使用现有的生产资料"[7]。具体而言，实施新组合包括以下五种情况：采用新产品；使用新技术，即新的生产方法；开辟新市场；开拓新原料来源；建立新组织。这五种情况，分别对应产品创新、技术创新、市场创新、资源创新和制度（组织）创新，正是熊彼特"创新理论"最为核心的内容。还有学者从创新主体角度丰富了创新理论的内核，宋刚在研究中指出，创新过程会涵盖多重主体的参与，按照组织规模来看，上至国际性组织下至社会型组织均会参与其中，并且在创新过程中各参与主体会以不同的形式融入，其中包括人力资本、创新资本，也包括在创新过程中必不可少的创新环境构建以及制度保证等等，所以综上可知，创新的过程是一个多主体多要素相互影响并且相互作用的过程[77]。创新理论的成熟与发展体现了时代的进步，如今学界已经将创新理论进一步延伸至知识层面。显然科技的创新与发展涵盖新知识、新技术以及新管理模式的产生与扩散，而知识创新在社会中的地位越发引人注目。显然新知识的产生能够推动知识成果转化，实现技术革新与管理层次的提升，因此三个角度的创新发展是相辅相成的，而实现创新驱动发展也是知识、技术和管理层面的三重协同发展的结果。

### 1.5.2 协同创新理论

协同创新理论用于解决多个创新参与者或利益相关者共同努力实现共同目标和愿景、促进创新资源共享、相互补充以实现最大整体效果和集体利益时出现的问题。相较于其他协同理论，协同创新理论所强调的"创新"更加强调协同的目的。协同创新的目的聚焦为以下三种：一是实现社会创新，在立意上站在了国家的高度，将协同创新视为一种解决人与人、组织与组织、人与自然的关系，促进一切关系和谐发展的方法论体系，最终实现国家创新和社会创新；二是实现协同主体间的共赢、获取协作方的价值和利益，研究认为协同创新是为了解决组织部门之间的障碍，实现共赢，是为了实现联盟利益最大化；三是实现协同主体自身的价值和利益。这样的协同目的源于协同主体在自身不足以应对外界的挑战及压力时，或者为了创造更大的自身价值而寻求其他主体的帮助，并在协同过程中实现价值创造和增值。协同创新理论已被应用于解决实践中的复杂问题，如网络治理、企业能力提升、国家档案资源的有效整合、绿色供应链和国际化等。该理论的核心是强调面向共同的协同目标和愿景的多个协同利益相关组成创新利益相关者的联盟，实现复杂的非线性活动和多个创新要素的连接，最终实现协同创新的目标。具体而言，该理论的特点是：

（1）整体性。创新生态系统有机结合各种元素，而不是简单的加法，它的存在方式表现出统一的整体的目标函数。

（2）动态性。创新的生态系统是动态变化的。协同创新是各类创新要素和资源的无障碍流动的系统的集成。基于知识价值为核心，是以企业、高校、政府、教育部口的价值创造过程。基于产学研合作，创新合作方式是国家创新体系模式的一项重要创新，是国家创新系统理论的新进展。协同性能在很大程度上取决于知识增量的效率和操作模式。大学将知识转化为资本能够增加资金，这进一步增加了科研经费，使其能更多地投入到科研机构。新的科研经费投入有利于新知识和科学的发现，实现知识创造→知识的发现→知识转化为收入的良性循环；对于企业，不仅可从外面引进技术人才，同时也可使其技术及其他主要元素融入创新系统。切斯布罗格在《开放式创新的新范式》中写道，未来公司的盈利能力取决于企业的创新来自外部资源获得，并将其转化为商业价值的能力，也就是获得知识、运用知识、实现知识增值的能力；在政府层面，知识价值协同创新有利于促进地方经济发展，增加收入，减少失业，实现资源和经济的可持续发展；知识价值对科技中介组织的发展和服务水平的提高有益[78]。包括研究机构在内的各类大学科技园和企业孵化器等科技中介机构进行生产产学研合作和协同创新，将会构筑一个良好的平台，也降低了创新主体之间的交易成本与道德风险。

### 1.5.3 系统科学理论

系统科学是在自然科学、数学、社会科学基础上形成的新兴学科。系统论、信息论、控制论是系统科学的重要组成部分，是现代化大生产和科学技术发展的产物。系统科学理论认为任何系统都具备整体性、关联性、平衡性等特点。而这部分特点不仅体现了各系统的思想内涵，也体现了系统科学理论所遵循的基本原则。借助系统科学理论的思想与手段，将研究客体视为一个系统，开展多角度、多层面的研究，已逐渐成为目前科学研究开展的主要方式。从广义层面来看，系统科学理论是信息论、控制论、系统论等理论的综合体,其关键要素是系统。因此,在系统问题的分析过程中,通过信息的观点分析其中包含的信息论课题,通过控制的观点分析其中包含的控制论相关课题,三者紧密联系。

系统科学是从运筹学、控制论和信息论,再到系统学,逐渐发展形成的一个体系,大大丰富了"系统观",促进了其他科学技术的发展。系统工程,即是系统论思想在实践中的具体应用,它是一种设计新系统的科学方法;系统分析,即是对若干可供选择的执行特定任务的系统方案进行选择比较。系统工程主要用定量系统方法处理大型复杂系统问题,对于开展大学科研创新力评价、提出提升大学创新力的对策都具有较强的指导意义。

### 1.5.4 评价学理论

评价是一种价值判断的活动,是对客体满足主体需要程度的判断。教育评价是对教育活动满足社会与个体需要的程度做出判断的活动,是对教育活动现实的(已经取得的)或潜在的(还未取得,但有可能取得的)价值做出判断,以期达到教育价值增值的过程。自从有了人类,就有了评价,自学校产生之日起,教育评价就与之相伴相生。而评价理论的科学化则是在20世纪初期逐渐产生。

美国教育心理学家格朗兰德给出的教育评价的定义,道出了评价的实质[79]。

教育评价=测量(量的记述)或非测量(质的记述)+价值判断(事实判断)

事实判断是方法、手段,是对事物的现状、属性与规律的客观描述。价值判断是目的,是在事实描述的基础上,根据评价者的需要和愿望对客观事物做出评判,从而为上级决策和被评者改进工作提供参考。

依据不同的划分标准,评价有多种类型。

以评价实施的时期和目的来分类,可分为诊断性评价(diagnostic evaluation)、形成性评价(formative evaluation)、总结性评价(summative evaluation);按评价的对照标准划分,可分为比较性评价、常模参照性评价、目标参照性评价;以评价的方法来分类,可分为定性评估与定量评估,定性评估有等级法、评定法、评语法;定量评价在教育评估中使用的数学方法主要有两类:教育统计方法和模糊数学方法。

教育统计方法主要有:描述统计,如平均数、标准差、相关系数、分布形态、数据整理等;推理统计,如统计估计、检验、卡方检验、$F$ 检验等。模糊数学方法是指运用模糊数学的理论对一些模糊事物数量化的描述和运算得出连续性的评估结论。

评价学在工业领域得到了广泛应用，如泰勒的科学管理，人力资源管理中的360度绩效考评、关键事件法（citical incident method，CIM）等等，极大地丰富了评价学的理论和方法，为教育评价的开展提供了坚实的理论基础。评价学理论催生了两个重要学科——科学计量学和信息计量学。

大学评估的理论和方法很多来自科学计量学与信息计量学。科学计量学是在相关科学文献的传播和使用定量数据的帮助下，描述科学及研究的特性，进而定量研究、分析和评估的科学。科学计量指标标记科研如深度、宽度及信息的效果。通过对科学计量指标的统计、计算，可以满足评价高校科研和教学的数据的需要。

（1）科学计量学与信息计量学的基本原理为高校评估提供理论依据

任何科学研究和技术发明，都将撰写必要的科学文献作为最后阶段，并借以继承和发展。根据科学文献中的内容组成和数量变化可以评估或分析科学技术的历史和现状，并预测其发展趋势。大学评价仅有定性评价还不够，还应进一步进行定量评价以保证评价结果的准确性。

（2）科学计量学和信息计量学为大学评价方法中的定量方法

研究活动的数量和质量往往和科学文献的状态是密切相关的，科学的计量和定量研究方法，为高校信息计量学评价方法提供了重要依据。

① 出版物的测量方法

该方法也被称为文献分析，统计发表的文章、书籍，然后比较。这种方法是大学评价中对科研数量的度量。

② 引文分析方法

科学引文与被引文之间存在一定的内在联系。引用的次数可衡量高校科研水平。

③ 统计分析方法

大学评价在统计分析方法中主要是指出版物、作者和被引频次测量研究的数量。许多的科学计量学权威检索工具和数据库中的录用量、被引频次已经成为高校评价的重要指标，在我国，CSCI、CSSCI数据库和检索工具已经成为大学评价数据的重要来源之一。

### 1.5.5 系统仿真理论

系统是指具有某些特定功能，按照某些规律结合起来、相互作用、相互依存的所有物体的集合或总和，它的基本特征是整体性、相关性。系统数字仿真是以系统理论、相似理论、随机过程和统计学理论、优化理论为基础，构造一个能真实描述所研究系统结构和行为的仿真模型，然后用计算机来运行仿真模型，模仿实际系统的运行即随时间的变化过程，并通过对仿真运行过程的观察和统计，得到被仿真系统的参数和基本特征，以此来测算实际系统的真实参数和性能。系统数字仿真具有风险小、代价低的特点，对复杂的、具有不随机因素的系统有较好的求解能力，它也能对无法通过实际系统实施来进行研究的问题进行预测，而且可以方便地对大量方案进行比较和选择，是解决非线性、非结构化问题的一项非常有效的手段。

实现系统数字仿真一般包括建立数学模型、建立数学仿真模型和仿真试验三个主要步骤。建立数学模型的任务是根据仿真试验的目的和原型与模型之间的数学相似原则，确定系统特性的数学表达式，通常也称为建立系统模型。建立数学仿真模型的任务是针对不同形式的数学模型设计相应的算法，编制计算程序和数字仿真过程，使数学模型成为存在于数字计算机中的"活的数学模型"。在建立了系统的数学模型后，需要将其转变为能够在计算机上运行（或试验）的仿真模型，由于数字计算机只能进行离散点的数值计算，所以就必须将连续系统的数学模型离散化，推导出相应的递推公式，这一步骤通常称为仿真算法设计。仿真算法是将系统数学模型转换成适合于计算机运行的模型（即计算机仿真模型）的一类算法。仿真试验和分析是在数字计算机上模拟实际系统，完成各种试验和研究项目，并对结果进行分析和评价。仿真试验的目的不仅在于研究被仿真系统的性能，同时可根据分析的结果修正数学模型、仿真模型、仿真程序，以便进行新的试验。

## 本章小结

本章首先介绍了研究背景，认为创新是一个民族进步的灵魂，是国家兴旺发达的不竭动力。大学创新力不仅是衡量一所学校竞争能力的关键指标，更是建设创新型国家的重要支撑，因此构建一个适用于中国大学的创新力评价体系有助于改善我国高校的创新力现状。接着明确了研究对象以及本书的研究框架和技术路线图，通过对本书基本概念的阐述及国内外文献综述，使得本书的研究对象更加鲜明，最后阐述相关理论基础，为本书接下来的章节奠定了基础。

# 2 中国大学创新力评价现状及问题分析

## 2.1 中国大学创新力评价现状

1895 年，我国第一所大学——北洋大学成立，其后发展为现在的天津大学。随后，我国逐渐成立了南洋公学（西安交通大学和上海交通大学前身）、京师大学堂（北京大学前身）等一批优秀大学。纵观历史的发展可知，我国现代大学并非是从本土文化、思想、制度的土壤里自发生长出来的，而是从国外移植过来的。正是因为大多主持创办教育的发起人都具备中国传统文化的功底和留学的经历，他们才能够很好地将国内传统教育与国外先进教育文化制度结合起来，才能够为我国建立诸多优秀大学打下坚实基础。1912 年，蔡元培任教育总长颁布了《大学令》这一关于高等教育的法令。该法令重新定义了大学办学的宗旨——学术为本。《大学令》内容还涉及大学的类别、大学内部管理体制等方面，其相对之前的教育法令更有废旧立新、承前启后的特征，其倡导的大学精神和核心价值第一次表现了现代意义的大学制度的特征，同时为我国大学制度完善奠定了基础。

新中国成立以后，我国有过多次大学评估认证，诸多研究者也对中国大学创新力评价体系提出了不同评价标准。1954 年，教育部在《关于重点高等学校和专家工作范围的决议》中，指定清华大学、北京大学、中国人民大学、哈尔滨工业大学、北京农业大学（后与北京农业工程大学合并组建中国农业大学）、北京医学院（后更名北京医科大学，现北京大学医学部）这 6 所学校为全国性重点大学。1959 年，中共中央指定了 16 所重点大学，同年增补 4 所院校。1960 年 12 月，中央决定在原来 20 所（16+4）重点大学的基础上，再增加 40 所重点大学。随后，1963 年增补 4 所，1964 年增补 1 所，至 1978 年共计确定北京大学、清华大学等 88 所院校为全国重点大学。

1983年后，我国相继发布了关于"211工程""985工程"高校的认定规划。1991年，七届全国人大四次会议上批准的《国民经济和社会发展十年规划和第八个五年计划纲要》提出，有重点地办好一批大学，加强一批重点学科的建设，使其在科学技术水平上达到或接近发达国家同类学科的水平，这便是"211工程"建设的雏形。"211工程"，即面向21世纪重点建设100所左右的高等学校和一批重点学科的建设工程。"211工程"于1995年由国务院批准后正式启动，是新中国成立以来由国家立项在高等教育领域进行的规模最大、层次最高的重点建设工作，是中国政府实施"科教兴国"战略的重大举措，是国家"九五"期间提出的高等教育发展工程，也是高等教育事业的系统改革工程。"985工程"是以江泽民同志在北京大学100周年校庆的讲话时间（1998年5月）命名的，江泽民同志表示："为了实现现代化，中国要有若干所具有世界先进水平的一流大学。"中国教育部决定在实施《面向21世纪教育振兴行动计划》时，重点支持北京大学、清华大学等部分高等学校创建世界一流大学和高水平大学。"211工程"与"985工程"的认定与建设是我国高等教育发展的引擎，是创建世界一流大学的奠基工程；同时从根本上提高了我国高等学校的整体水平和国际竞争力，缩小了与世界一流大学的差距，有力地推动了科教兴国和人才强国战略的实施。除此之外，我国教育部也多次开展学科评估、高等学校教学水平评估和教学指导委员会指导的专业评估。

除了官方的评价之外，各种学术机构和媒体对大学的评价也成为我国大学评价的重要组成部分。1987年，我国诞生了第一个国内大学排名，由中国科学研究院根据《科学引文索引》，对我国86所重点大学进行了排序，按理、工、农和医科进行区分，形成了现代大学排行榜的雏形。该排名主要根据"国家级科研成果奖""国外及全国性刊物发表学术论文"和"专利批准数"三项指标数据综合排名，具体排名如表2-1～表2-4所示。

表2-1 十九所理科重点大学科学计量三项指标排序（1985—1987年）

| 综合位次 | 学校名称 | 国家级科研成果奖（项） | | 国外及全国性刊物发表学术论文（篇） | | 专利批准数（件） | | 平均等次 |
| --- | --- | --- | --- | --- | --- | --- | --- | --- |
| | | 三年总数 | $P_1$ 该项位次 | 三年总数 | $P_2$ 该项位次 | 三年总数 | $P_3$ 该项位次 | |
| 1 | 南京大学 | 18 | 3 | 2 627 | 3 | 27 | 1 | 2.3 |
| 2 | 北京大学 | 31 | 1 | 3 152 | 1 | 8 | 6 | 2.7 |

(续表 2-1)

| 综合位次 | 学校名称 | 国家级科研成果奖（项） | | 国外及全国性刊物发表学术论文（篇） | | 专利批准数（件） | | 平均等次 |
|---|---|---|---|---|---|---|---|---|
| | | 三年总数 | $P_1$该项位次 | 三年总数 | $P_2$该项位次 | 三年总数 | $P_3$该项位次 | |
| 3 | 复旦大学 | 19 | 2 | 2 670 | 2 | 7 | 7 | 3.7 |
| 4 | 武汉大学 | 6 | 5 | 1 299 | 7 | 15 | 3 | 5 |
| 5 | 南开大学 | 9 | 4 | 1 633 | 5 | 6 | 8 | 5.7 |
| 6 | 中山大学 | 5 | 9 | 1 009 | 9 | 4 | 10 | 6.3 |
| 7 | 北京师范大学 | 4 | 7 | 1 042 | 8 | 8 | 6 | 7 |
| | 西北大学 | 4 | 7 | 832 | 12 | 16 | 2 | 7 |
| 8 | 吉林大学 | 9 | 4 | 1 413 | 6 | 1 | 12 | 7.3 |
| 9 | 华东师范大学 | 5 | 9 | 793 | 13 | 11 | 4 | 7.7 |
| 10 | 兰州大学 | 3 | 8 | 1 042 | 8 | 5 | 9 | 8.3 |
| | 四川大学 | 2 | 9 | 903 | 11 | 9 | 5 | 8.3 |
| 11 | 中国科学技术大学 | 2 | 9 | 1 661 | 4 | 1 | 12 | 8.3 |
| 12 | 山东大学 | 2 | 9 | 925 | 10 | 3 | 11 | 10.0 |
| 13 | 厦门大学 | 3 | 8 | 766 | 14 | 3 | 11 | 11 |
| 14 | 湘潭大学 | 0 | 11 | 377 | 17 | 4 | 10 | 12.7 |
| 15 | 云南大学 | 0 | 11 | 429 | 15 | 0 | 13 | 13 |
| 16 | 新疆大学 | 0 | 11 | 383 | 16 | 0 | 13 | 13.3 |
| 17 | 内蒙古大学 | 1 | 10 | 190 | 18 | 0 | 13 | 13.7 |

表 2-2　五十二所工科重点大学科学计量三项指标排序（1985—1987 年）

| 综合位次 | 学校名称 | 国家级科研成果奖（项） | | 国外及全国性刊物发表学术论文（篇） | | 专利批准数（件） | | 平均等次 |
|---|---|---|---|---|---|---|---|---|
| | | 三年总数 | $P_1$该项位次 | 三年总数 | $P_2$该项位次 | 三年总数 | $P_3$该项位次 | |
| 1 | 清华大学 | 59 | 1 | 2 195 | 2 | 100 | 1 | 1.3 |
| 2 | 西安交通大学 | 21 | 3 | 2 252 | 1 | 36 | 4 | 2.7 |
| 3 | 浙江大学 | 13 | 7 | 1 997 | 3 | 64 | 2 | 4.0 |

(续表 2-2)

| 综合位次 | 学校名称 | 国家级科研成果奖（项） | | 国外及全国性刊物发表学术论文（篇） | | 专利批准数（件） | | 平均等次 |
|---|---|---|---|---|---|---|---|---|
| | | 三年总数 | $P_1$该项位次 | 三年总数 | $P_2$该项位次 | 三年总数 | $P_3$该项位次 | |
| 4 | 天津大学 | 14 | 6 | 1 602 | 5 | 26 | 6 | 5.7 |
| 5 | 华中理工大学 | 16 | 4 | 1 529 | 7 | 24 | 8 | 6.3 |
| 6 | 大连理工大学 | 14 | 6 | 1 261 | 11 | 30 | 5 | 7.3 |
| 7 | 南京工学院 | 3 | 14 | 1 526 | 8 | 54 | 3 | 8.3 |
| 8 | 上海交通大学 | 32 | 2 | 1 156 | 13 | 16 | 11 | 8.7 |
| 9 | 东北工学院 | 3 | 14 | 1 555 | 6 | 24 | 8 | 9.3 |
| 10 | 中南工业大学 | 9 | 9 | 1 764 | 4 | 10 | 16 | 9.7 |
| 11 | 哈尔滨工业大学 | 15 | 5 | 1 356 | 9 | 10 | 16 | 10.0 |
| 12 | 北京科技大学 | 12 | 8 | 802 | 19 | 25 | 7 | 11.3 |
| 13 | 北京航空航天大学 | 16 | 4 | 880 | 16 | 10 | 16 | 12 |
| 14 | 重庆大学 | 8 | 10 | 1 205 | 12 | 11 | 15 | 12.3 |
| 15 | 华东工学院 | 12 | 8 | 780 | 20 | 17 | 16 | 12.7 |
| 16 | 同济大学 | 8 | 10 | 1 266 | 10 | 4 | 21 | 13.7 |
| 16 | 北京理工大学 | 9 | 9 | 569 | 25 | 25 | 7 | 13.7 |
| 17 | 西北工业大学 | 14 | 6 | 834 | 18 | 7 | 18 | 14 |
| 18 | 华南理工大学 | 1 | 16 | 836 | 17 | 17 | 10 | 14.3 |
| 18 | 成都科技大学 | 6 | 11 | 1 016 | 15 | 8 | 17 | 14.3 |
| 19 | 华东化工大学 | 5 | 12 | 1 109 | 14 | 4 | 21 | 15.7 |
| 20 | 南京航空学院 | 6 | 11 | 72 | 22 | 6 | 19 | 17.3 |
| 21 | 中国矿业大学 | 4 | 13 | 551 | 17 | 12 | 14 | 18 |
| 22 | 中国纺织大学 | 3 | 14 | 710 | 23 | 6 | 19 | 18.7 |
| 23 | 吉林工业大学 | 8 | 10 | 414 | 35 | 15 | 12 | 19 |
| 24 | 武汉工业大学 | 1 | 16 | 728 | 21 | 4 | 21 | 19.3 |
| 25 | 北方交通大学 | 3 | 14 | 629 | 24 | 4 | 21 | 19.7 |

(续表 2-2)

| 综合位次 | 学校名称 | 国家级科研成果奖（项） | | 国外及全国性刊物发表学术论文（篇） | | 专利批准数（件） | | 平均等次 |
|---|---|---|---|---|---|---|---|---|
| | | 三年总数 | $P_1$ 该项位次 | 三年总数 | $P_2$ 该项位次 | 三年总数 | $P_3$ 该项位次 | |
| 26 | 武汉水利电力学院 | 2 | 15 | 538 | 28 | 7 | 17 | 20 |
| 27 | 中国地质大学 | 5 | 12 | 622 | 25 | 1 | 24 | 20.3 |
| 28 | 湖南大学 | 3 | 14 | 521 | 30 | 6 | 19 | 21 |
| 28 | 北京农业工程大学 | 1 | 16 | 435 | 34 | 14 | 13 | 21 |
| 29 | 青岛海洋大学 | 4 | 13 | 352 | 42 | 21 | 9 | 21.3 |
| 30 | 北京化工学院 | 2 | 15 | 529 | 29 | 4 | 21 | 22.3 |
| 31 | 河海大学 | 5 | 12 | 497 | 31 | 1 | 24 | 22.7 |
| 32 | 西安电子科技大学 | 1 | 16 | 448 | 33 | 6 | 19 | 23.3 |
| 33 | 西南交通大学 | 2 | 15 | 451 | 32 | 2 | 23 | 23.3 |
| 33 | 哈尔滨船舶工程学院 | 8 | 10 | 333 | 43 | 8 | 17 | 23.3 |
| 34 | 北京邮电学院 | 2 | 15 | 396 | 36 | 4 | 21 | 24 |
| 34 | 合肥工业大学 | 1 | 16 | 396 | 36 | 5 | 20 | 24 |
| 35 | 长春地质学院 | 2 | 15 | 361 | 40 | 3 | 22 | 25.7 |
| 35 | 武汉测绘科技大学 | 2 | 15 | 366 | 39 | 2 | 23 | 25.7 |
| 35 | 阜新矿业学院 | 2 | 15 | 369 | 38 | 1 | 24 | 25.7 |
| 36 | 成都电讯工程学院 | 2 | 15 | 253 | 41 | 2 | 23 | 26.3 |
| 36 | 大庆石油学院 | 0 | 17 | 360 | 37 | 0 | 25 | 26.3 |
| 37 | 石油大学 | 2 | 15 | 290 | 44 | 4 | 21 | 26.7 |
| 38 | 重庆建筑工程学院 | 3 | 14 | 278 | 45 | 1 | 24 | 27.7 |
| 39 | 华北电力学院 | 5 | 12 | 203 | 48 | 1 | 24 | 28 |
| 40 | 西北轻工业学院 | 0 | 17 | 274 | 46 | 2 | 25 | 28.7 |

(续表2-2)

| 综合位次 | 学校名称 | 国家级科研成果奖（项） | | 国外及全国性刊物发表学术论文（篇） | | 专利批准数（件） | | 平均等次 |
|---|---|---|---|---|---|---|---|---|
| | | 三年总数 | $P_1$该项位次 | 三年总数 | $P_2$该项位次 | 三年总数 | $P_3$该项位次 | |
| 41 | 江苏工学院 | 2 | 15 | 233 | 47 | 0 | 25 | 29 |
| 42 | 东北重型机械学院 | 2 | 15 | 159 | 51 | 2 | 23 | 29.7 |
| | 大连海运学院 | 1 | 16 | 176 | 50 | 2 | 23 | 29.7 |
| 43 | 南京气象学院 | 0 | 17 | 189 | 49 | 0 | 25 | 30.3 |

表2-3 五所医科重点大学科学计量三项指标排序（1985—1987年）

| 综合位次 | 学校名称 | 国家级科研成果奖（项） | | 国外及全国性刊物发表学术论文（篇） | | 专利批准数（件） | | 平均等次 |
|---|---|---|---|---|---|---|---|---|
| | | 三年总数 | $P_1$该项位次 | 三年总数 | $P_2$该项位次 | 三年总数 | $P_3$该项位次 | |
| 1 | 北京医科大学 | 6 | 1 | 1 914 | 1 | 0 | 2 | 1.3 |
| 2 | 上海医科大学 | 5 | 2 | 1 099 | 2 | 2 | 1 | 1.7 |
| 3 | 华西医科大学 | 5 | 2 | 569 | 3 | 0 | 2 | 2.3 |
| 4 | 中山医科大学 | 3 | 3 | 339 | 5 | 2 | 1 | 3.0 |
| 5 | 北京中医学院 | 0 | 4 | 383 | 4 | 0 | 2 | 3.3 |

表2-4 十所农科重点大学科学计量三项指标排序（1985—1987年）

| 综合位次 | 学校名称 | 国家级科研成果奖（项） | | 国外及全国性刊物发表学术论文（篇） | | 专利批准数（件） | | 平均等次 |
|---|---|---|---|---|---|---|---|---|
| | | 三年总数 | $P_1$该项位次 | 三年总数 | $P_2$该项位次 | 三年总数 | $P_3$该项位次 | |
| 1 | 北京农业大学 | 7 | 1 | 565 | 2 | 0 | 4 | 2.3 |
| 2 | 南京农业大学 | 5 | 2 | 551 | 4 | 2 | 2 | 2.7 |
| 3 | 华南农业大学 | 2 | 4 | 597 | 1 | 0 | 4 | 3.0 |
| 4 | 沈阳农业大学 | 2 | 4 | 296 | 5 | 12 | 1 | 3.3 |
| 5 | 西北农业大学 | 0 | 6 | 557 | 3 | 0 | 4 | 4.3 |
| 6 | 华中农业大学 | 3 | 3 | 163 | 9 | 2 | 2 | 4.7 |

(续表 2-4)

| 综合位次 | 学校名称 | 国家级科研成果奖（项） | | 国外及全国性刊物发表学术论文（篇） | | 专利批准数（件） | | 平均等次 |
|---|---|---|---|---|---|---|---|---|
| | | 三年总数 | $P_1$ 该项位次 | 三年总数 | $P_2$ 该项位次 | 三年总数 | $P_3$ 该项位次 | |
| 7 | 西南农业大学 | 1 | 5 | 274 | 6 | 0 | 4 | 5 |
| 8 | 北京林业大学 | 1 | 5 | 247 | 7 | 0 | 4 | 5.3 |
| 9 | 山西农业大学 | 0 | 6 | 196 | 8 | 1 | 3 | 5.7 |
| 10 | 江西农业大学 | 1 | 5 | 84 | 10 | 0 | 4 | 6.3 |

通过对文献资料的梳理发现，目前国内外专门从事高校创新力研究的资料相对较少。目前最具代表性的研究如下：一是 2006 年浙江大学教授徐小洲任课题组组长的大学评价国际委员会的研究成果。该课题的研究以创新实力、创新活力和创新影响力三项指标来评价大学创新能力（见表 2-5）。二是 2010 年武汉大学中国科学评价研究中心邱均平教授等人的研究。该研究通过对我国国内"211 工程"高校和教育部直属的 119 所重点大学以及武汉大学中国科学评价研究中心推出的中国一般大学排行榜前 100 强进行实证分析，从创新平台、创新人才、创新成果三个角度构架了高校创新能力的评价指标体系（见表 2-6），为我国高校创新力的评价体系研究拓展了视野。

表 2-5 国际大学创新力评价指标体系

总指标 $T = 0.20A + 0.70B + 0.10C$

| 一级指标 | 一级指标权重 | 二级指标 | 二级指标权重 |
|---|---|---|---|
| 创新实力 A | 0.20 | 教师中获诺贝尔奖人数 | 0.40 |
| | | 教师数 | 0.30 |
| | | 人均科研经费 | 0.30 |
| 创新活力 B | 0.70 | Nature + Science 论文数 | 0.30 |
| | | 1% 顶级学科数 | 0.15 |
| | | 高被引论文数 | 0.15 |
| | | ESI 引文数 | 0.10 |
| | | ESI 论文数 | 0.10 |

(续表 2-5)

总指标 $T = 0.20A + 0.70B + 0.10C$

| 一级指标 | 一级指标权重 | 二级指标 | 二级指标权重 |
|---|---|---|---|
| 创新影响力 $C$ | 0.10 | 专利数 | 0.10 |
| | | 人均 ESI 引文数和论文数 | 0.10 |
| | | 当年培养博士生数 | 0.20 |
| | | 本地指数 | 0.80 |

表 2-6 高校创新能力评价指标体系

| 一级指标 | 一级指标权重 | 二级指标 | 三级指标 |
|---|---|---|---|
| 创新平台 | 0.20 | 学科建设 | 国家重点学科 |
| | | 实验室、中心、基地建设 | 国家重点实验室（中心）、教育部重点实验室（中心基地） |
| | | 创新研究群体 | 国家自科基金创新群体、教育部创新团队 |
| 创新人才 | 0.20 | 杰出人才 | 院士、千人计划 |
| | | | 长江学者特聘教授、杰出青年基金获得者 |
| | | | 长江学者讲座教授、新世纪人才 |
| | | 高被引作者 | 高被引作者数 |
| 创新成果 | 0.60 | 论文 | Science、Nature 论文数 |
| | | | 热门论文数（ESI） |
| | | | 高被引论文数（ESI） |
| | | | 文科权威期刊发文数（国内） |
| | | 专利 | 发明专利数 |
| | | 项目 | 国家自科基金项目（重大＋重点＋面上） |
| | | | 国家社科基金项目（重大＋重点＋面上） |
| | | | 教育部社科基金项目（重大＋重点＋面上） |
| | | | 973、863 项目 |
| | | 获奖 | 国家科技三大奖 |
| | | | 教育部人文社科奖 |

(续表 2-6)

| 一级指标 | 一级指标权重 | 二级指标 | 三级指标 |
| --- | --- | --- | --- |
| | | | 全国百篇优秀博士论文 |
| | | | 中国十大科技进展（科技部） |
| | | | 中国高校十大科技进展（教育部） |
| | | 创新性人才培养 | 毕业博士生人数 |

上述两个指标评价为我国高校创新能力建设提供了重要参照，但评价标准与我国高等教育及高校创新发展之间存在距离。

大学评价国际委员会发布的《国际大学创新力客观评价报告》通过设计具有特色的大学创新力客观评价指标体系，对世界高层次大学的创新能力进行评价。该报告首次将大学评价与创新力相结合，选取创新实力、创新活力和创新影响力三个一级指标，其权重数分别为 0.20、0.70、0.10；二级指标为教师中获诺贝尔奖人数、教师数、人均科研经费、Nature ＋ Science 论文数、1‰顶级学科数等。邱均平等根据美国汤姆森路透科技集团出版的《基础科学指标》数据库获得原始数据，对一流大学与科研机构的学科竞争力进行了科学合理、客观公正的评价研究和综合分析，最终得出 2012 年世界大学科研竞争力排行榜、2012 年世界大学与科研机构分 22 个学科的科研竞争力排行榜和 2012 年世界大学科研竞争力分 8 个基本指标排行榜[80]。在该研究中，科研生产力、科研影响力、科研创新力和科研发展力作为科研机构学科竞争力的主要评价指标，此外对于大学科研竞争力评价引入了网络影响力指标。梅轶群、张燕建立了高校科技创新能力的评价指标体系，讨论了评价方法，对 2004 年全国各省份的高校科技创新能力进行了总体评价和分析，并且对各省高校科技创新能力在 1998—2004 年间的发展变化趋势又进行了动态比较分析[81]。康美娟等采用了专家咨询法确定了高校科技创新能力评价指标，其中科技投入与科技产出作为一级指标权重值分别为 0.40、0.60，二级指标包括科技人员数、科研经费数、科研基地数、论文数、著作数等[82]。吕建荣从高等学校可积极创新的物质基础、科技创新投入、科技创新产出等几个方面构建了高等学校科技创新能力指标体系，系统分析我国高等教育学校的创新能力[83]。谭春辉以高校哲学社会科学创新能力评价的基本指标框架为基础，构建了一个由 3 个准则层、9 个分准则层、33 个方案层指标组成的高校哲学社会科学创新能力综合评价指标体系[84]。

刘承波在我国大学评价体系的研究中认为，大学排名的评价体系需要对大学进行分类评级，并且要根据大学类型的不同设计不同的指标体系，并在此基础上对指标的权重进行确定，这样的评价过程才能保证适用于我国绝大部分大学，保证排名结果的有效性[85]。随后，陈谷纲教授与王云鹏教授认为在评价大学的过程中要更加注重教育质量类指标，在研究中指出现有的评价体系无法全面地将大学的师资力量进行反映[86]。顾海兵提出大学的评价要具有科学性与客观性，这在同行评审的过程能够得到充分体现，因此对于这一指标要引起学界的关注与重视，衡量大学综合能力的过程要从社会认可的角度出发而不是单单衡量投入产出[87]。武书连的大学排行应用广泛，但也有学者对其提出了一些意见与建议，陈厚丰指出该评价体系在对我国的高校进行分类的过程中忽视了对"应用型大学"的关注，缺少该层次的分类可能会从某个角度引起社会重学术轻转化的问题的产生[88]。

其次，不少学者开始关注大学排名体系的社会影响力。在这一方面，学界主要从学生、学校及政府三个层面进行研究。第一，在学生层面看，大学的排名情况很大程度上影响学生对学校的选择。王玲在研究中提到，学生在择校上的选择越来越受到大学排名情况的影响，以美国为例，大于30%的学生在填报学校的时候都是参考大学的排名[89]。第二，在学校层面上看，大学排行榜的结果会直接影响该校的各类评估结果，并且在学校进行战略制定、各类资源分配的过程中都起着决定性影响，显然，从她的研究中可以得到高校的发展水平与大学排名结果有着密不可分的关系。同时，王占军在研究中发现，大学的排名情况不单单对学生和学生家长存在影响，排名结果对大学的影响也是不容忽视的[90]。第三，在政府层面上看，大学的排名结果在一定程度上会对政府的财政拨款起到一定的影响，政府要从客观的角度看待社会上的大学排名，同时合理考量资源分配制度的制定与实施，做到客观的宏观调控与精准把控相结合。

新时代下创新不断进入大家的视野，学界也开始就此话题展开研究。不少学者就大学创新力评价角度展开了一些研究。郑卫北和庄炜玮等学者率先构建了高校创新能力评价体系，该评价体系涵盖4大板块，包含10个评价要素及17个评价指标[91]。刘创将目光聚焦于评价体系的构建原则，从大学的学术声望、教育教学、科学研究、人才培育及助力社会发展几个层面出发构建了评价体系，为大学的师资力量评价提供意见与建议[92]。黄小平与陈洋子在研究中指出，根据对英、美、法、澳四个国家的科研能力评价体系设计情况的梳理设计出"双一流"高校科技创新实力评价测度体系[93]。吴燎原与岳峰通过基于区间数的分组合成方法构建一种大学创新实力评价模型，并利用该模型进行实证研究分析了安徽省一所大学的创新情况[94]。牛凤蕊从国际角度出发对大学的创新能力进行比较研究，认为我国的教育体系应当顺应"双一流"高校建设的宏观背景，切实完善创新区域协同网络，提升科教间的贯通与融合[95]；在大学评价的过程中要以创新力为导向，并以此不断提升我国高校的整体创新实力。

## 2.2 中国大学创新力评价的问题分析

### 2.2.1 主流评价体系的问题分析

创新是 21 世纪知识经济的重要特征，我国已经走在中国特色的自主创新的道路上。在这个过程中，大学作为知识密集型组织在建设创新型国家的过程中的不可替代性日益显著。大学作为掌握了知识和技术这两大稀缺资源的人才培育摇篮，是科技创新的源动力，更是我国高新技术产业孵化的重要基地。没有科学的评价，就没有科学的管理。因此，科学且客观地评价大学创新表现受到学界的广泛关注。综合现行的国内外具有较强权威性的大学排行榜以及涉及大学创新能力的评价体系，从宏观的角度来看大学评价需要包含四个要素：评价理念、评价指标、评价方法、评价结果。

#### 2.2.1.1 评价理念

新时代下各类大学排行一定会涵盖评价的指标、方法以及得到评价结果，但是往往忽视了评价理念的重要性，然而对于整个评价体系来说，在实施过程中能够具备充足的严谨性和客观性是需要理念对整个体系构架进行支撑的。从评价体系的四个核心要素来看，指标的设置是核心环节，其设置得是否合理直接关系到体系是否具有应用科学性与客观性；评价方法是体系的应用途径，合适的方法是一个评价体系得到切实应用的关键步骤，通过适用度高的评价方法能够保证评价结果的准确性；而评价得到的结果则是这个体系的应用成果，成果能否得到社会公众的认可是该体系设计得是否成功的重要标志。

而评价理念是体系的衡量标尺，能够直接反映出评价的重点以及高校的发展目标追求，是构建一个科学的评价体系的首要条件。但市面上的各类具备评价理念的评价体系其理念也各有不同，虽然许多排名体系并没有直接对其设计的理念进行阐述，但我们不难从各个评价体系的指标设计中得到相对应的结论，即各个体系的理念来源。具体来看，例如 THE 排行榜就是从高校的三个基础功能展开评价；而我国武书连教授带领团队设计的《中国大学评价》则是从两个视角出发进行综合性评价，分别是高校的人才培养水平及高校的科研水平；而国际上应用十分广泛的QS和ARWU则是针对科研机构的科研水平设计的，因此它们均是只衡量评价对象的科研能力。显然，不同的理念就会产生不同类型的评价体系、不同的大学排名情况[96]。

此外，各类评价体系的评价维度不尽相同。举例来说，例如《中国大学评价》的维度设置是从"人才培养"和"科学研究"展开的；再比如USNEWS的衡量维度被分成了三种，包括"声誉""科研"及"国际化"；而ARWU排行榜虽然也同样是三个评价维度，但不同的是它选取的为"教育""教师""科研"；在国际上具有较高影响力的THE排行榜则是利用"教学""科研""国际化""产业产出"作为衡量基准；学术界耳熟能详的QS排行榜则将维度界定为"社会评价""科研""生师比""国际化"四个层面。而这些只是实际应用中十分常见的评价结构，还有许多排名体系都会存在的一个问题在于绝大多数的排名体系都强调高校的科研成果产出，在衡量过程中使得对应的指标权重过高。对于这个现象，《中国大学评价》也仅仅在指标权重设计上提升了人才培养的重要程度，以此来改善结果的偏颇。

#### 2.2.1.2 评价指标

确定评价指标、构建大学创新力评价指标体系是大学创新力评价顺利实施的重要前提。其确定过程主要是将创新力构成要素中涉及的复杂关系元素简单化，根据其不同的重要性赋予不同要素相应的权重值。

不同的国家和地区对于大学创新能力评价的指标选取不尽相同，但是在不同的评价体系中其指标设置也存在一定的相同点。其中，比较普遍设立的指标主要有以下几个方面：科技创新费用、科技创新成果数量、科技创新成果的重要程度、科技创新的目标、科技创新的源泉、科技创新的障碍[97]。

对于高校创新能力评价指标设置各有侧重，但是综合各个排行榜的一级指标设置来看，可以概括为四个：科研生产力、科研影响力、科研实力、科研发展力。其中科研生产力下包括专利和授权数、论文发表数等[98]，科研影响力包含论文被引次数、论文被引用的影响力、论文对于产业发展的影响力等，科研实力包括人均科研经费、教师数量等，科研发展力主要包括高被引文章占有率等。

表 2-7　国内主流评价体系指标设置

| 国内主流评价体系 | 一级指标 | 二级指标 |
|---|---|---|
| 武连书中国大学评价排行榜 | 人才培养 | 本科生培养 |
| | | 研究生培养 |
| | 科学研究 | 自然科学研究 |
| | | 社会科学研究 |
| 中国重点大学排行榜 | 办学资源 | 基本条件 |
| | | 教育经费 |
| | | 教师队伍 |
| | | 优势学科 |
| | 教学水平 | 生源与毕业生 |
| | | 研究生与留学生 |
| | | 教学成果 |
| | 科学研究 | 科研队伍与基地 |
| | | 科研产出 |
| | | 成果质量 |
| | | 科研项目与经费 |
| | 学校声誉 | 效率与效益 |
| | | 学校声誉 |
| 世界大学学术排行 | 教师质量 | 获诺贝尔奖和菲尔兹奖的教师折合数 |
| | | 各学科领域被引用次数最高科学家数 |
| | 教育质量 | 获诺贝尔奖和菲尔兹奖的校友折合数 |
| | 科研成果 | *Nature*、*Science* 上发表论文折合数 |
| | | 被 SCIE 和 SSCI 收录的论文数 |
| | 师均表现 | 上述五项指标得分的师均值 |
| 软科中国大学排名（主榜） | 办学层次 | 办学层次 |
| | 学科水平 | 学科规模 |
| | | 学科水平 |
| | | 学科精度 |

(续表 2-7)

| 国内主流评价体系 | 一级指标 | 二级指标 |
|---|---|---|
| 软科中国大学排名（主榜） | 办学资质 | 收入水平 |
| | | 捐赠收入 |
| | 师资规模与结构 | 师资规模 |
| | | 师资结构 |
| | 人才培养 | 新生质量 |
| | | 培养条件 |
| | | 培养改革 |
| | | 学生科创 |
| | | 培养结果 |
| | | 杰出校友 |
| | 科学研究 | 科研人力 |
| | | 科研经费 |
| | | 科研项目 |
| | | 科研论文 |
| | 服务社会 | 科技服务 |
| | | 成果转化 |
| | 高端人才 | 资深学术权威 |
| | | 中年领军专家 |
| | | 青年拔尖英才 |
| | | 国际知名学者 |
| | | 各类高端人才 |
| | 重大项目与成果 | 重大项目 |
| | | 重大成果 |
| | 国际竞争力 | 国际化程度 |
| | | 国际影响力 |
| | | 世界一流标志 |

## 2.2.1.3 评价方法

在对大学进行评价的过程中，选用合适的评价方法对创新能力进行衡量是十分重要的，其中相关的数据来源是关键。市面上的众多大学排行榜为了实现数据来源的可视化，将 Science 和 Nature 的引文数量比重不断提升，在这样的排名指标下各个大学要应对其衡量需求，在吸纳科研团队的方向上更加倾向于诺贝尔奖、菲尔兹奖获得者；大学为了在排名过程中提升评价得分、展现科研能力，在学术研究层面上不断提高专利申请的数量，在项目申请角度上来说增加项目的研究基金数量；此外，大学为了增加自身收入而选择增加相关产业的经济收入，聘请社会企业人员完成教育教学工作；鼓励本校教职工与学生积极参与到各类国际赛事，提升学校在国际比赛中的参与人数和获奖比例；为了提升自身的社会影响而不断强化自身多种渠道的宣传，尤其是借助各个平台增加网络曝光率等。显然，这些行为虽然能够使某些大学在短期内的排名有所提升，但从促进我国科技发展的长远需求来看，这些行为所产生的表面繁荣的结果无法切实推动创新活动的发展，当然也无法真实地反映高校的创新力[88]。

表 2-8 国外主流评价体系指标设置

| 国外主流评价体系 | 一级指标 | 二级指标 |
| --- | --- | --- |
| 国际大学创新能力评价 | 创新实力 | 教师中获诺贝尔奖人数 |
| | | 教师人数 |
| | | 人均科研经费 |
| | 创新活力 | Nature 和 Science 发表论文数 |
| | | 1‰顶尖学科数 |
| | | 高被引论文数 |
| | | ESI 引文数 |
| | | ESI 论文数 |
| | | 专利数 |
| | | 人均 ESI 引文数和论文数 |
| | 创新影响力 | 当年培养博士生数 |
| | | 本地指数 |

(续表 2-8)

| 国外主流评价体系 | 一级指标 | 二级指标 |
| --- | --- | --- |
| 路透社全球最具创新力大学排名 | 专利数量 | 机构所申请的专利的数量 |
|  | 专利的授权率 | 评价时限内专利申请被授权的比例 |
|  | 全球学科 | 专利在美国、欧洲和日本专利局所覆盖范围的百分比 |
|  | 专利被引用的频次 | 一项专利被其他专利所引用的总次数 |
|  | 专利被引用的影响力 | 专利被引用的人均平均值 |
|  | 专利被引用的比例 | 专利被引用次数与专利总数的比率 |
|  | 论文被专利引用的影响力 | 一篇期刊论文被专利引用的平均次数 |
|  | 论文对产业的影响力 | 表征大学基础研究对商业研究的影响和贡献 |
|  | 与产业合作完成的论文占百分比 | 一所大学中包含一个或多个来自商业实体的共同作者的论文在所有论文中的百分比 |
|  | Web of Science 核心库论文 | 发表的期刊论文的总数 |

#### 2.2.1.4 评价结果

纵观现有的评价体系，以我国较为权威的综合大学排行榜——武连书中国大学评价排行榜、校友会中国大学排行榜为例，对 2020 年两大榜单的排名结果进行对比。取前 30 名的内地高校排名，结果如表 2-9 所示，显然二者的重复率极高。虽然综合排名的评价体系中包含了大学的创新能力及科研能力，但这是不全面的，其评价结果受到各高校社会声誉、办学资质等方面的限制。

表 2-9 武连书中国大学评价排行榜、校友会中国大学排行榜（部分）

| 全国排名 | 武连书 | 校友会 |
| --- | --- | --- |
| 1 | 清华大学 | 北京大学 |
| 2 | 北京大学 | 清华大学 |
| 3 | 浙江大学 | 复旦大学 |
| 4 | 上海交通大学 | 浙江大学 |
| 5 | 武汉大学 | 南京大学 |

(续表 2-9)

| 全国排名 | 武连书 | 校友会 |
| --- | --- | --- |
| 6 | 南京大学 | 上海交通大学 |
| 7 | 华中科技大学 | 华中科技大学 |
| 8 | 复旦大学 | 中国科学技术大学 |
| 9 | 四川大学 | 中国人民大学 |
| 10 | 吉林大学 | 天津大学 |
| 11 | 中山大学 | 武汉大学 |
| 12 | 山东大学 | 南开大学 |
| 13 | 哈尔滨工业大学 | 山东大学 |
| 14 | 中国科学技术大学 | 中山大学 |
| 15 | 西安交通大学 | 西安交通大学 |
| 16 | 中南大学 | 哈尔滨工业大学 |
| 17 | 东南大学 | 东南大学 |
| 18 | 中国人民大学 | 四川大学 |
| 19 | 同济大学 | 吉林大学 |
| 20 | 天津大学 | 同济大学 |
| 21 | 北京师范大学 | 北京航空航天大学 |
| 22 | 苏州大学 | 北京师范大学 |
| 23 | 南开大学 | 厦门大学 |
| 24 | 华南理工大学 | 西北工业大学 |
| 25 | 北京航空航天大学 | 中南大学 |
| 26 | 厦门大学 | 东北大学 |
| 27 | 湖南大学 | 大连理工大学 |
| 28 | 重庆大学 | 湖南大学 |
| 29 | 大连理工大学 | 华南理工大学 |
| 30 | 西北工业大学 | 北京理工大学 |

其次，观察国内外针对大学创新能力的排行榜，以国际大学创新力排行榜、中国大学科技创新力排行榜、路透社全球最具创新力排名三大榜单作为参考，其结果如表 2-10 所示，国际排名对于我国的大学来说是不全面的。

表 2-10  国际大学创新力排行榜、中国大学科技创新力排行榜、
路透社全球最具创新力大学排名（部分）

| 国际大学创新力排行榜 | 中国大学科技创新力排行榜 | 路透社全球最具创新力大学排名 |
| --- | --- | --- |
| 清华大学（102） | 清华大学 | 北京大学（59） |
| 浙江大学（109） | 北京大学 | 清华大学（44） |
| 复旦大学（151） | 浙江大学 | 浙江大学（93） |
| 上海交通大学（160） | 上海交通大学 | 复旦大学（94） |
| 南京大学（185） | 华中科技大学 | — |

## 2.2.2 中国大学创新力评价问题分析

基于上述分析不难发现，目前没有专门针对中国大学的创新性评价的指标体系。浙江大学和路透社的评价对象都是面向全世界的优秀大学，选取的也是全球范围内部分顶级学校，中国的绝大部分大学都不在这些评价体系内，也就不能通过这些评价体系来了解中国大学创新性的整体情况。从主流的综合指标体系中涉及科研、人才培养、社会服务等方面的指标看，存在以下问题。

### 2.2.2.1 重全面轻特色，创新性特征体现不明显

面向中国全体大学的评价，是综合性的衡量指标体系，大多数的评价指标共性高，主要以人才培养、科学研究作为共同的切入点，其评价核心一般集中在大学的办学规模、办学资源、科研水平等方面。因此，对于我国大学创新能力的评价，基于这些指标显然是不具有特色性的。而且相比国外的一些评价指标体系，国内的指标体系设计上往往追求各种要素的集合，涵盖方方面面，容易导致"大而全"的巨无霸大学在评价体系中占据有利位置，而一些"小而精"的特色大学处于不利位置。有针对性地考虑我国大学的科技创新水平、创新成果产出，在很大程度上需要对我国高校进行合理的划分，而不是简单的一概而论。我国的高水平大学具备更好的科研条件和大量科研人才，但许多地方高校同样具备很高的科研热情和创新实力，因此将国内所有大学千篇一律、全无特色与不加分类地进行评价，这在衡量大学创新力的过程中是不全面、不客观的。

### 2.2.2.2 重数量轻质量，生产和创新的界限混淆

新时代背景下，我国大学因其具有高质量的科研团队与雄厚的学术研究实力

使其成为我国生产创新性知识、创新性技术的主力军。因为集区域乃至社会力量为高校创造了优渥的科学研究土壤，大学在这片土地上不断提升自身学术水平，创新科学技术，因此在我国众多科研机构与团队类型中，大学无论是在学术文章与专利的水平、数量上，还是在国家重大课题的研究与承担上都占有很高的权重。也正是这样的发展趋势与路径导致我国大学无论是在学术论文的发表、专利技术的产出还是获得的各类科研资助项目等均有质的飞跃，我们和国际间的差距也随着我国大学的不断努力而逐渐缩小。但是，虽然各类创新成果的产出数量近些年都有稳步提升，但是从创新质量上来看我们仍然有较大的进步空间。例如从SCI论文的引用来说，虽然2009年到2014年的6年间我国的论文数量位列世界第二，但是我国的论文引用次数却排名世界第十五名，这种结果从侧面反映了我国论文质量有待提升的现象。从世界排名角度来看，根据路透社发布的"TOP亚洲最具创新力大学"榜单不难发现，虽然榜单中中国高校的上榜数量是最多的，但是从名次上看只有"清北"两所院校排进了全球前二十名而且名次并不靠前，分别是第十三位以及第十六位，而日韩的高校在前20名的大学中占据了17所，在亚洲大学的创新力表现上优势十分突出。综合来看，我国的创新性科研成果在数量上的成长速度很快，但是其创新成果的质量却不尽如人意，没有将知识从核心部分进行创新，更多的则是仅仅停留在模仿层面，没有实现源头性的探索与发展，导致我国创新成果缺乏原创性和前沿性。因此，对于新时代背景下我国高校的创新力评价的核心问题就集中在了如何解决数量与质量、规模与约束之间的矛盾上。目前市面上得到广泛应用的评价系统更多的是以"数量"为主导衡量指标，这显然是缺乏客观性与科学性的。在这个创新带动时代发展的阶段，国家在衡量大学创新能力的过程中要重视成果质量、成果市场化的应用价值。通过提升大学对创新质量的重视进一步实现从科研"跟跑"向创新"领跑"层面的过渡与转变，这就要求在我国大学创新力的相关评价体系的设计过程中注重体现原始创新和源头供给。

### 2.2.2.3 重研究轻转化，未体现对社会发展的贡献度

新时代背景下我国高校与社会层面、区域产业机构的关联性逐渐趋向紧密与共同发展的态势，这得益于我国的市场经济体质的不断完善，也得益于我国高校的社会责任感、社会服务能力与意识的提升。然而和国际尤其是西方国家的高校相比，我国在创新驱动社会发展上还存在很大的追赶空间。而造成这种差距的原因很大程度是上是由于我国大学的运行机制及创新成果价值取向不同。对于我国

高校来说，绝大多数创造出来的新知识仅仅停留在"知识"层面，没能够将其转化为生产动力促进社会经济的发展。当今我国每年产出的新成果数量不断增加，但是新成果落实到实际的转化率却并未有明显的提升与改善，造成了我国知识创造与价值创造之间存在鸿沟的现状。这种现象让社会重新重视一个问题：国家对我国大学的科学研究投入到底产生了怎样的影响与效果？逐年增加的创新成果数量为什么没有对提升我国社会生产力水平起到可观的效果？显然，在我国的大学评价体系设计中对于成果转化角度的考虑是不足的，该方向不论是指标数量还是指标权重都不高，也就是说我国对于大学创新力评价的过程中忽视了成果转化的重要性。但是在实际社会发展中，科研成果真正发挥能效一定要转化到实际生产过程中，才能实现对社会经济发展的服务作用，才能使我国创新成果切实服务于区域产业技术的发展。

### 2.2.2.4 重科研轻教学，未展示创新性人才培养成果

在我国，大学作为高等教育机构的首要社会责任就是为国家输出创新型人才。但由于当下的外部环境影响以及内部环境的错综复杂性，导致众多大学在实现创新力产出的过程中将教育教学与科学研究割裂开来，这种现象被伯顿·克拉克称为"科研漂移"和"教学漂移"。我们可以将该学者所说的"漂移"理解为分层的现象，具体来说就是虽然教育是大学的首要任务，但在实际的学校经营过程中却将教学活动的重要性排在日常经营的末位，而将学术研究放在最重要的位置。以致有学者惊呼为"教育的终结"，这对于创新性人才的培养是非常不利的。而从目前的评价指标看，创新力的指标体系只涉及创新成果（论文、专利等），而综合性评价指标中的人才培养，多以人数和入学、就业率为主，创新性人才培养的特征没有具体的体现，因此在新的创新性评价体系设计时，有必要结合创新性人才的培养要求设计指标。

### 2.2.2.5 重静态轻动态，创新力评估存在片面性

目前评价体系中的评价方法能够反映出创新主体的静态的、表层的指标，是较为粗放和宏观的量化方法，作为评价体系研究机构较少地考虑到创新系统的复杂性、干扰性因素，无法反映出创新主体在创新活动过程中所体现出来的层次性、各部分间的不确定性、多维性和周期性。缺乏动态的分析和深层次的探究。虽然目前的学术评估量化方法在一定程度上能够反映一部分的创新力，但也只是将系统中出现的各个因素排列后做线性分析，继而进行粗放的量化统计。我们认

为学术创新力存在于一个生态创新系统内部。因此学术创新力的测度是去评估整个系统在产生创新行为的活动时所体现出的创新素质，深入考虑创新系统的层次性及整个系统的复杂性。

## 2.3 设计中国大学创新力评价体系的现实意义

由于目前尚缺乏对大学创新性的系统研究，也没有一套系统的大学创新性评价体系，因此本研究设计的中国大学创新力评价体系，不仅仅是为了区分大学之间创新性的"强"或"弱"，而是以大学创新性不足和适应未来创新发展需求为设计理念，为我国大学建设提供导向。科学准确地对大学创新性进行测度和评价，具有如下现实意义。

### 2.3.1 大学自身需求

就大学自身角度而言，构建一套符合时代需求、科学性与客观性并存的大学创新力评价体系能够帮助大学明确自身定位，充分了解学校在创新力方面的能力缺陷以及自身突出优势；同时，大学创新力评价结果能够吸引社会投资者和企业与其合作，为大学自身发展提供一定的经济支持。此外，一套完善的评价体系能够助力学校对现有的创新政策与相关机制进行客观的总结，从创新的各个维度和创新的系统性过程出发将已有的成果、产出进行比较、调整以及改进，进而使得高校在后续创新体系完善上有更具有针对性的改革方向，更好地履行大学在培养人才、学术研究、社会服务以及文化传承上的责任与担当，助力我国推动创新驱动发展。

### 2.3.2 政府指导需求

就政府角度而言，对我国高校的创新力进行科学与客观的评价是十分必要的，这有助于相关政府部门与机构充分分析各个高校在创新层面上的表现及其具备的创新潜力，找出各大学之间科技创新能力的优势与差距，借助评价结果有针对性地为高校提供指导与建议，将有限的创新资源实现分配的合理性，让资源的利用率趋向于最大化，而这个过程的前提就是对我国大学创新力进行准确的评价。

### 2.3.3 社会发展需求

就社会生产发展需求角度而言,大学是社会创新体系的重要组成部分,而社会整体的创新过程需要多主体的参与。大学作为我国人才培养与输出的重要基地,在国家急需人才供给方面做出了重大贡献。科技创新是大学必不可少的功能,既要促进科技知识和技术产出的创新,又要重视大学生创新思维能力的培养。同时,科技创新已成为我国社会进步的新支点,立足于我国的国家性质和特色国情,自主创新式发展道路是我国科技发展的必然路径。因此,大学创新力是我国发展科技创新、推动社会现代化进程的强大动力。

一个准确的评价结果是社会快速了解大学的重要通道,能够为广大社会成员在了解和选择学校方面提供一定的价值参考,同时还能够在很大程度上帮助其他创新主体准确认知大学的创新实力与创新潜力,打通信息渠道,在主体间的相互选择上提供有力支撑;此外,客观的评价也有助于大学的科技创新成果尤其是新知识与新技术流向生产作业的过程更加顺畅,助力科技成果的转化;大学排名也有助于提升社会大众对大学创新发展的重视程度,在必要时为其提供资源支撑,助力大学与各个科研创新主体履行各自的社会使命;并且在一定程度上,一个准确的评价结果可以很好地提升大学在社会上的创新影响力,进而为社会在对大学进行评价的过程中提供参考依据。

### 2.3.4 民族发展需求

2015年10月,在我国召开的党的十八届五中全会上,习近平总书记首次提出了创新、协调、绿色、开放、共享的发展理念。此次会议强调:要把创新摆在第一位。着力实施创新驱动发展战略。因为创新是引领发展的第一动力,发展动力决定了发展速度、效能、可持续性。协调发展、绿色发展、开放发展、共享发展均有利于提高发展动力,但发展动力的核心在于创新。抓住了创新,就抓住了牵动经济社会发展全局的"牛鼻子"。

回顾近代以来世界发展历程,能够清楚地发现,创新能力是国家和民族综合实力的重要组成部分,可以从根本上影响甚至决定国家和民族的前途命运。创新离不开创新人才的培养,无论各行各业的发展都离不开人,只有人具备了创新思想,才能够推动发展。高校作为我国人才培养的重要基地,自然也成为创新人才培养的首要基地。设计中国大学创新力评价体系可以加强高校、社会对创新的重视,加快创新型项目的发展,加强对创新人才的培养,为我国源源不断地提供创新型人才，驱动民族发展，贯彻中国创新发展理念。

## 2.4 建构以创新力导向的大学评价体系

建构以创新力导向的大学评价体系，应着力实现以下转变：一是大学评价主体由政府单一评价向社会第三方多样化评价转变。传统上政府作为教育管理者、组织者和评价者，既是大学评价的"运动员"，又是评价的"裁判员"，双重身份和单一化的评价主体，使得政府在主导大学评价中存在着许多过于"功利"的导向，间接助长了大学的学术腐败和浮躁风气。因而，大学评价应尊重客观规律，实现由政府单一主导向多元化评价转变，积极引入第三方中介和社会舆论力量，按照大学自身发展的规律进行评价，政府应积极扶持和鼓励社会力量开展大学评价活动，从政策上引导、支持和帮助社会中介构建科学合理的大学评价体系，创造鼓励创新、激励创新和尊重创新的外部社会环境。二是大学评价内容由综合实力向核心竞争力转变。我国大学评价活动始于 20 世纪 80 年代，但大学评价内容一直强调对大学规模、人员总量和科研硬件设施等为代表的综合实力的评价，对以创新力为核心竞争力的大学软实力考量不足。由于大学评价主体内容能直接反映一所大学办学理念、办学目标，导引大学未来改革方向，因而科学的评价内容对大学评价至关重要。从实践情况来看，大学的实力固然体现在人员规模、科研成果数量和硬件设施上，但更体现在以创新力为核心的大学软实力上。因而，大学评价内容由综合实力向核心竞争力（创新力）的转移，能改变过去过分重视大学的硬件设施布局、轻视软件能力建设的评价导向，使大学评价回归到大学教育的本源和实质。三是大学评价指标体系由量的可比性向效度与信度转变。对大学核心竞争力即创新力的评价，指标的效度和信度尤为重要。指标的效度和信度是指其逻辑关系的严密性、数据资料的可信度、指标权重确立的科学性和评价方法的合理性等因素。评价指标体系只有同时衡量好效度和信度，处理好量化指标、质化主观性指标的关系，才能真实反映大学创新力的状况，回归现代大学教育的本真，最终在一定程度上促进大学提高办学能力和水平。四是评价体系由单一模式向多元化模式转变。评价模式不能"一刀切"，应根据地缘、语言、大学、学科门类的不同特点，构建不同的评价体系，科学、公平、真实地反映大学的真实办学实力，促进大学之间的良性竞争和健康发展。

## 本章小结

基于本章分析，本书认为大学创新力评价是对大学创新情况的整体的、全面的、系统的衡量，但现有的大学评价和排名体系因其不同的评价测量目标，不能完全满足新形势下对中国大学创新性评价的要求，反而会消解高校科研工作者的创新与创造激情、遏制了大学的创新活力。具体而言，①世界上主流的与大学创新能力相关的排行不能反映出中国特色。因此，虽然其在国际上的认可度很高，但文化与地域的差异导致对于中国大学的创新能力评价不能照搬照抄。②面向中国全体大学的评价大多是综合性的衡量指标体系，没有突出创新性，容易导致"大而全"的高水平大学占据有利位置，而一些"小而精"的特色型大学处于不利位置。③现有的评价体系在我国的适用性较低、大学覆盖面窄。当下被广泛应用于大学创新活动评价的浙江大学《国际大学创新力评价》以及路透社的评价体系在评价对象上没有涵盖我国绝大多数的高校，其选取的范围仅是国际上的一小部分顶级院校，也就不能通过这些评价体系来了解中国大学创新性的整体情况，因此要建构以创新力导向的大学评价体系。

# 3 中国大学创新力评价的理论分析

## 3.1 中国大学创新力的特征

识别中国大学创新力的影响因素首先要明确在我国的社会背景下的创新力的内涵,明确创新的关键特点。我国大学创新力具有如下特征:

### 3.1.1 时代性

创新是在特定环境中的行为,因此创新性具有鲜明的时代特色,需要应对不同的时代背景与环境需求。创新已成为当今时代的主旋律,创新要与当今国家发展的需求紧密结合。而创造更多地体现在人类顺应自然、改造自然的探索性劳动中,在认识世界和改造世界中持续不断地想出新方法、建立新理论、做出新的成绩或东西都是创造性劳动的结果。在《中华人民共和国国民经济和社会发展第十四个五年规划和2035年远景目标纲要》中明确指出我国实现现代化建设的全局目标要明确创新所占据的核心位置,在国家发展全局战略部署中明确科技发展的独立性所起到的承重性作用,将我国的科教兴国、人才强国,以及创新驱动社会发展的战略定位不断落实到实际生产生活中,将目光锁定国际科技前沿领域,将发展对标全球经济主战场,对国家的重大需求负责、对我国人民群众的生命健康负责。在创新的道路上不断前进,提速建设和完善我国的创新体系构建,最终将我国建设为世界科技强国。

### 3.1.2 注重新、旧的对比

创新侧重于"新","新"是相对于之前的"旧"而言。显然,创新指的是不断通过改革与拓展将原有的知识或事物进行发展,并在原有基础上得到本质的提升以达到更高的水平及高度，这个过程就会通过新事物或新知识的创造实现质变，让原有事物具备新的属性。因此，创新力的实现首先要表现在前后的对比性，也就是"新""旧"之间的相对性。

### 3.1.3 成果效益

如今的社会公众已经认可了创新的重要作用和关键性地位。创新力的发展是具有时代特性的，要符合当代的政治与经济发展要求。社会大众对我国当下的创新行为具有很高的期许，这种期许就表现在能否通过创新力实现生产力的质变，产出对应的成果，而这就是创新力是否得到应用的关键衡量标准。在这样的成果效益驱动下，我们的创新行为逐渐过渡到一种将智慧进行聚集并系统性推进行业发展的过程，例如行业技术创新。显然，创新是一个复杂的系统性过程，因此这就要求我们在开展创新活动的过程中保证其每一步的系统性与严谨性，确保创新成果能够切实地应用到实际的生产生活中，将创新力转化为生产力。相反，如果创新成果无法得到社会和行业的认可，那么这种失败的创新过程也就失去了它存在的意义。

## 3.2 中国大学创新力的构成

### 3.2.1 大学创新力的核心构成要素

本研究认为对大学创新力进行评价是要对大学在人才培养、科学研究、社会服务等方面的创新性进行综合测度，以全面反映其创新性状态。此外，本书认为创新力的"强"和"弱"是相比较的概念，当某所大学在综合测度中评分越靠前，在国家创新驱动发展战略中起到重要支撑和引领作用越大，则其创新性越强。根据对大学创新力特征的分析，本书将大学创新力构成的核心要素划定为人才培养创新力、科学研究创新力、社会服务创新力、治理体系创新力四个方面。大学人才培养模式，是指高等学校根据人才培养目标和质量标准，为大学生设计的知识、能力和素质结构以及实现这种结构的方式。创新人才是指具有开拓精神并能够创造新事物、新价值活动的群体或个体。人才培养创新的重点要进一步集中于加强对学生创新精神与实践能力的培养。人才培养创新需构建一种能够将大学生置身于社会和企业、科研院所的实践活动中来，丰富自己的知识和实践技能，挖掘自己的创造能力，培养自己的创造性思维和创新精神的模式。大学的科研创新主要可以分为以下三种类型：一是基础理论创新，此类创新属于各个学科的科学基础理论领域，突出强调科研的原始创新特点，具有前瞻性和探索性；二是重大工程技术创新，此类创新属于工程技术应用领域和高新技术领域，突出强调多学科的相互影响，以使科技活动的结果直接对国民经济建设与发展产生重大的贡献和影响，其成果往往表现为关键设备、高水平的发明专利等；三是交叉学科创新，此类创新属于新兴交叉学科、边缘学科领域，是现代科学技术不断分化、综合循环过程中的结晶，居于现代科学技术发展的前沿。社会服务创新要求大学在提供社会服务的过程中不断寻找新资源、发明新的生产方法、创造新产品、开辟新市场，以及探索新的生产、管理组织形式。大学集知识的生产、选择、传播、应用于一体，能够加快知识的转化，提高产品的科技含量，以此可以高速率、高质量地为社会提供创造性的服务。大学社会服务创新还体现在发挥大学的国家战略思想库的作用方面，大学在哲学、社会科学、人文学科领域的发展，对于建设创新型社会、构建和谐社会至关重要。

### 3.2.2 大学创新力的关键组成因素

创新是我国高校提升国际竞争力、加快建设世界一流大学的必由之路。在我国，高校是将科技、知识、产能以及社会经济发展进行连接的关键核心环节，是我国科技创新体系的桥梁，这就让大学在助力我国经济社会建设的过程中显得尤为重要。《统筹推进世界一流大学和一流学科建设总体方案》曾明确提到我国建设世界一流大学和一流学科的总目标是助力我国一批具备高水平的高校以及对应学科水平逐步进入世界一流的地位，逐步提速我国高等教育治理体系的改革与创新，实现我国教育体系现代化治理，逐步提高我国高等院校在优秀人才培育、学科水平提升、社会服务能力的提高以及我国文化的传承与创新等方面的水平，让我国的高等院校成为名副其实的知识创新主力军、技术创新的源动力，大学要为社会培养出高水平、高素质人才，从人才培养的角度推动我国创新驱动发展战略的落实、实现对经济社会发展的服务作用，并在这个过程中将中国优秀的传统文化进行传承与发扬，在高等教育过程中践行社会主义核心价值观，促进我国教育水平的发展。新时代赋予了我国高校更重的历史使命，需要我国高等教育院校在培育优秀人才、提升科技水平、推动社会发展等多角度发挥起它们的作用。

#### 3.2.2.1 创新性人才的培养能力

立德树人是教育的最根本任务，大学的创新力首先要体现在创新性人才培养上。习近平同志指出："办好我国高校，办出世界一流大学，必须牢牢抓住全面提高人才培养能力这个核心点。"高水平的创新呼唤高素质的创新性人才，而创新性人才的培养情况是大学创新性的具体表现。2017年教育部召开的高等工程教育发展战略研讨会上指出，高等院校应当围绕"新技术、新业态、新产业、新模式"的新时代发展要求，加强对创新型人才的培养，响应新时代发展对高等教育的需求。

### 3.2.2.2　高水平科研成果的转化能力

国家科技部曾在《关于破除科技评价中"唯论文"不良导向的若干措施（试行）》的通知中明确提到要"实施分类别进行考核标准的设计，将关注点集中在成果的质量与影响力、重视贡献程度"，此外通知指出"提倡科研人员提高学术论文的水平，将高质量的学术文章发表在国内的期刊中，侧面提升我国学术期刊的影响力，以及在国内外顶级学术会议上进行报告的论文"[99]。因此，创新力的体现不是不需要学术论文，而是要求我们产出高质量的科研论文。我国正在深入实施创新驱动发展战略。高校应依托自身科研优势，促进学科、人才、科研良性互动，以构建高峰学科为牵引构筑科研高地，以汇聚一流人才为抓手激发科研活力，以提高创新能力为核心推动关键领域实现突破。

### 3.2.2.3　服务社会发展能力

对于我国学术界当下存在的知识缺口与技术短板，大学要积极鼓励科研人员提升技术转移并加速新技术、新知识的产学研合作，协助解决技术难题，提升技术创新和成果转化能力，对接服务国家重大科技发展战略，主动支撑区域创新发展和转型升级。将学校的科研创新成果切实地服务于社会的发展，是大学创新力的关键应用价值。

### 3.2.2.4　大学治理体系机构革新能力

一个良好的外部环境需要完善的人力、财力、物力等多种元素的共同维系，这就要求我国大学在创新氛围的建设上多花心思，不断完善现有的评价机制与激励机制，将我国的创新生态系统不断完善，实现创新全过程的相对公平与宽松，助力创新参与主体间的合作共荣，实现创新生态系统的蓬勃发展。科学合理的外部政策环境能够为大学提供相对自由的创新保障，此外，良好的环境支持需要以学校管理机制和人事管理制度的不断优化改革为前提。学校具备宽松的创新政策，鼓励学校科研人才做出原创性、先进性的科研成果，将科研经费的使用权交给教学科研工作者，在校内创造一个有机高效的大学治理体系。

## 3.3 中国大学创新力的影响因素

根据先前的章节分析不难看出，我国大学的创新力处在一个多重影响因素共同作用的系统中。如图3-1所示，大学的创新活动是围绕着产出、转化、应用、市场化几个过程展开的。在这样的循环往复的过程中就引申出大学实现创新力产出以及创新人才培养必要的影响因素：资源投入、环境扶持、成果输出及收益回报。

图3-1 大学落实创新力的循环过程

### 3.3.1 资源投入

充足的人力、物力与财力的投入是推动大学创新活动的首要条件，高质量的资源能够为创新活动提供充足的人才与资源保障。正常情况下，大学的创新力发展会随着投入的创新资源的累加而有所提升，也就能产生更加高品质的成果。

#### 3.3.1.1 创新人才投入

创新人才是学校的软实力投入。高校利用有效的人才激励机制与规范化的管理能够在吸纳高水平的教职人员与科研人员的同时，提升自身创新软实力。此外，高水平的创新人才不但能产出科研成果，还能在此基础上将其作用发挥到日常教育教学中，为学校的人才培养增添重要动力。

#### 3.3.1.2 创新物质资源投入

资金等物质资源是实现创新产出的必备物质投入。大学所拥有的物资资源投入直接影响该学校的创新实力,不论是在推进新知识与新技术的生产过程还是在学生培养活动中,这都需要坚实的物质基础作为保障。资金和公共设施能够大大提升大学创新活动的实力与频率,并且高水平的科研教学、公共学习资源、各类创新机构与教室都能够在很大程度上服务于学生发展,因此充足的物质资源投入是一切创新行为的物质前提。

### 3.3.2 环境扶持

大学在开展创新活动时不但要向物质资源借力、依赖高水平创新人才,还要借力于所处的社会环境。政府和社会除了要关注资源投入外,还要为大学的创新活动构建一个健康的创新生态环境。大学要在这个良好的生态环境中积极参与创新活动,充分利用相应的政策与服务平台,提升学校的创新潜力。在此基础上,现如今我国大学主要受到以下几个方面的影响。

#### 3.3.2.1 信息交互平台

在信息化时代背景下的各类创新活动要依托于技术手段提升信息交互能力,我国的大学在开展创新活动的过程中需要向各方资源借力,其中信息交互平台的使用对大学开展创新活动显得尤为重要。此时信息共享平台上的数据、信息以及图书资源都为大学的科研团队开展创新活动提供支撑。

#### 3.3.2.2 国际创新活动

任何国家的创新活动都是具有开放性的,我国大学要抓住时代机遇积极参与到国际的创新与学术交流活动中,相互学习,取其精华,将国际上先进的技术与学术理论进行消化吸收。与此同时,大学作为人才培养基地要鼓励师生多多参与国际学术交流活动,在这个过程中培养学生的创新意识并提升高校的创新人才培养效果。

#### 3.3.2.3 相关政策扶持

随着国家对创新这一话题关注度的提升、学术界对创新和社会发展之间关联性研究的深入,社会各界以及政府部门都开始将更多的关注度与投入倾斜于大学的创新行为。现在,政府加强了对创新活动的管理与扶持,这对于我国创新力发展起到了很强的促进作用。大学要合理利用政策、广泛吸纳社会资源、充分借助政府搭建的各类创新服务平台、加速学校自身的科技创新管理制度的优化,做到站在市场的角度开展工作、在创新过程中实现大学创新力的可持续发展。

### 3.3.3 成果输出水平

科研成果是大学创新力水平的直观体现。新知识、新技术的生产成果能够让社会各界了解到学校的创新实力，并在此基础上预估学校的创新潜力。这是相关利益主体对学校创新力评估的重要参考依据，也是衡量其是否参与到大学创新活动中的主要衡量指标。

#### 3.3.3.1 科技成果

大学科技成果的水平与质量直接关系到大学未来的发展速度。这其中包含了学校的专利技术成果、论文与学科水平提升成果。高水平的成果产出能够提升大学对于新知识与新技术的转化率，提高对产业发展的影响力。社会各界尤其是生产部门会重点关注这一方面来衡量大学的创新潜力，并以此作为后续科技创新资源分配的参考依据。

#### 3.3.3.2 创新人才

大学的人才培养能力直接影响学校生源质量。高质量的创新人才不但能在各行各业为国家的创新事业服务，此外，社会对学校培养出来的毕业生满意度更是影响学校生源质量的关键因素。大学的人才培养成果直接影响到后续学生的学校选择结果，即对学校生源水平有着较大的影响。

#### 3.3.3.3 社会服务价值

学校的社会服务价值关系到社会对其认可度水平，间接影响社会组织对学校的投入。学校作为我国创新体系的参与主体，需要对国家的产业技术发展负责。学校会通过上述的创新成果以及人才培养这两个宏观角度为社会发展服务。学校的服务性综合表现也是相关政府部门在后续进行创新资源分配与相关政策制定过程中的重要参考依据。

### 3.3.4 收益回报

学校利用自身科研成果创造的收益持续作用于后续创新活动。我国高校承担着科技创新、人才培养等社会职责，但由于资源的有限性导致大多数高等院校依旧存在经费不足的问题，这让许多科研机构尤其是高等教育学府在创新力发展上受到资金制约，未能将其应有的创新潜力充分发挥出来。在这样的现实背景下，大学需要依附于自身价值获得社会机构的创新投资，并且通过科技成果的产业化获得创新收益，并将收益继续作用到后续的科研创新与人才培养的过程中，实现资金的高速且良性的流动。

## 3.4 中国大学创新力建设的制度环境与组织维度

### 3.4.1 制度环境的维度

#### 3.4.1.1 教育政策对大学创新力的影响

近些年，伴随着高等教育大众化进程的加快，大学的数量和规模都处于扩张时期，各种层次和类型的高等教育机构一定程度上缺乏实质性的分类细化指导，在客观上造成了院校的趋同；此外，大众化高等教育时期，人们对教育公平的诉求明显提升，这也造成了院校的趋同；从另一个方面看，对高水平大学的重点资助可能激发其他学校跟风追赶的心理，容易使得学校为了争取更多的资源而放弃自身优势，向某一类型大学看齐。例如"211"工程、"985"工程，这两种比较典型的国家重点建设政策对中国大学的发展起到了相当大的作用，但同时对其他类型和层次的院校的鼓励还有所欠缺，易造成处于中下层的院校缺乏政策动力。由此，目前本身就缺乏市场竞争的传统高等教育机制进一步抑制了大众型高等教育组织的主动性。此外，重点学科、重点实验室、教育部重点研究基地等政策都在强化重点建设倾向。与此形成对比的是，对于普通教学型的院校，相对应的鼓励措施不足。这样的重点建设政策向各层次的师范院校释放的信号是，越是学科齐全的综合型、研究型院校所得的资源就越多，获取资源就越容易。由此导致教学型学院和教学科研型大学为了有更多的资源维持其生存和发展，就自然会努力向上一层次的大学发展。这样，不难解释为什么教学型学院也要千方百计聘博士生导师、院士，在教学管理工作中执行对教师的科研和薪金、职称评聘挂钩的政策。除此之外，专业设置相似也是导致大学趋同的一个重要因素。

#### 3.4.1.2 社会评价对大学趋同的诱导

大学评价根据评价主体可以分为社会评价和政府评价两种。社会机构和媒体的大学评价、大学排行榜对大学组织结构和行为具有导向作用。有研究调查了高考生对大学排行榜的认知,结果发现大学排行榜起到了报考大学的参考标准的作用。在高等教育大众化阶段,各高校千方百计地吸引满意的生源,这是当前大学社会排行榜之所以受到大学重视的原因所在。此外,由政府主导的本科教学评估对大学的组织行为也产生了明显的影响。各高校纷纷设立由校长主管负责的领导小组、办公室之类的机构,并召开全校的动员会议。本科教学评估成为教育部衡量高校办学质量的标尺,如果评估中出现问题,将直接影响学校的招生、专业发展甚至是财政拨款额度。由于本科教学评估指标并未根据院校类型进行区分,所以评估指标中的内容被各类型的学校所重视,其引导大学趋同的作用不言而喻。尽管评估指标中设置了办学特色一项,试图对所有的被评院校在办学特色方面都以相同的指标进行评价,但是可能会出现一个悖论。这正如王英杰教授所说:"我们期望通过评审'特色',使大学办出特色来,但是结果可能是大学的'特色'都相同。实际上,一所大学在办学思想、发展战略、校园文化、培养目标、教学和课程等方面中的一个方面有特色就很不容易了,就应该给予充分的肯定,在评价结果中体现出来,这样就可能促进大学办出特色来。"当前的大学社会评价的指标,包括科研、规模和学科齐全程度、师资等大都指向研究型大学,其在大学排行榜中占有先天的优势,这种导向作用容易导致大学只有向研究型大学发展,才能在排行榜上占优,从而吸引学生和更多的资源。所以目前社会评价的问题是:虽然有多种类型的机构,但是评价方法大同小异,缺乏多元化的评价方法,易引起院校趋同。

### 3.4.2 组织的维度

#### 3.4.2.1 组织资源对大学创新力的限制

组织资源是影响大学创新力建设的重要因素。组织资源不仅包括办学条件等实体要素,还包括对个人的动员。只有具备充分的资源动员能力,大学组织才能在市场竞争中获得优势。目前的问题是,大学对政府的依附性导致组织自身的主体性不足,适应社会环境的能力比较差。大学总是依靠政府给予办学资源,由此也影响到组织机构的设置。大学普遍采取科层同构的组织形式,这是单位制度的主要特征之一,并会导致大学组织对其他资源(社会资源、校友资源、个人捐助)获取能力不足,筹款能力低下。此外,单位制还有其他影响。在单位制下,成员依附于单位。成员的依附性导致激励困难,成员总是试图获取更多的回报和个人资源,然而只有组织得到足够的贡献,从而能提供足够的回报以获得这些贡献时，组织才具有主体性，也才会继续存在。在国家能力和原有制度化方式对单位的约束力弱化、新的市场性规则又没有建立起来的情况下，各种非制度化的方式就更可能成为人们获取资源、维持利益的一种选择。而就权力和非制度化方式在单位组织中资源分配的作用来说，权力占据主导位置。单位组织作为正式组织，权力始终是组织结构的核心。国家对单位组织的权力授予，从而赋予这种权力以合法性。随着改革带来的这种权力在单位组织内制度化的弱化，各种非制度化关系就围绕单位中的权力位置"组织"起来。归根结底，非制度化关系的取向是要控制单位组织中资源分配的权力位置。伴随着中国政治经济体制改革，大学自身也在进行一些变革，国家对大学组织的直接控制减弱。近些年人们讨论的大学自治、教授治校、人事改革、学生权力等都从侧面反映了单位制下大学组织中的某些不平衡状态。组织中的教师和学生在获取资源时有时处于不利境地，一方面可能是因为合法化权力得不到组织确认，另一方面可能是因为不能依靠原有权力形成非制度化的关系，这些都影响教学人员和学生参与组织资源分配。这种由于分配的失衡给大学组织激励带来了一定的问题，容易使大学组织在成员资源的动员和获取上能力不足，使大学组织不能有效地运用物质激励、团结性激励和目标激励来动员成员资源，这将直接影响大学创新力的建设。

### 3.4.2.2 组织属性对大学创新力的影响

从大学组织属性看，它不同于工商企业组织和政府部门，尽管它也具有科层组织的部分属性，但就其主要的活动内容而言，依旧是属于专业化的、学术性的机构。正如著名的社会学家彼德·布劳所指出的：科层化的刻板与纪律性同学术组织是不相容的，它要求自由地采取一个更富于弹性和想象力的途径从事教学活动，即激发学生去探求事物本质的兴趣；大型的学术机构不同于一般组织，它要求具有更复杂性的管理体系。对预算和日常程序的过分关注往往易为学术探求带来危险；毫无疑问的是，大学在诸多方面同企业组织具有根本不同，这里没有8小时工作制，没有直接的监督，没有清晰的效益测量评价以及其他企业管理规定；尽管教员彼此间存在等级以及对学术事务的影响作用不同，但他们之间并不存在彼此监督的等级关系，所有人员都是操作者。我国的大学作为一种单位的存在，具有相应的行政级别，大学校长由教育部或者省级政府任命，也具有一定的行政职务级别。尽管经过20多年的改革实践，确立了高校的法人实体地位，在一定程度上扩大了办学自主权等，但高校作为专业化组织的学术属性还没有得到充分体现。

领导效能在组织行为中一直是备受关注的焦点。领导往往是组织气氛形成的重大影响者，也是组织中权力的核心，掌握着一切决策大权。在校园中这个角色多半指的是校长或董事会。领导者在其中是否能扮演倡导者及创意管理者的角色将是影响组织气氛中创新气氛的原因之一。根据我国的实际情况，高校存在党政两个管理系统，一起影响着大学的组织发展。中国大学改革面对着一个越来越开放的社会环境，从资源的获取到向社会输出人才、科技成果和服务，与社会发生了多种直接交往。受环境因素的影响，在大学管理结构中嵌入了社会结构。在20世纪80年代，大学组织结构与政府机构具有较强的同构性。在21世纪初，大学组织结构多样性的增强，反映了社会的直接需求。与此同时，随着政府管制的放松和办学自主权的扩大，大学越来越追求效率，即在既定投入条件下，努力扩大产出，或在既定产出条件下，尽量减少投入。精简行政机构和人员成为大学组织结构变化的一个显著方面。而大学行政权力和学术权力的冲突，则造成了组织核心目标的偏离，大学校长要花费相当多的精力去协调两种力量之间的平衡，这无疑会使大学教学和科研的创新受到影响。

## 3.5 中国大学创新力存在的问题

人才培养、科学研究和社会服务是大学的三大职能，因此大学创新力可以表现为人才培养创新力、科学研究创新力和社会服务创新力。我们可以从这三个基本维度进一步审视我国大学创新力存在的问题。

### 3.5.1 人才培养质量不尽如人意

人才培养创新力是指大学培养高层次创新人才的能力，其衡量标准是高层次创新人才培养的数量和质量。根据教育部全国教育事业发展统计公报，2020年我国各类高等教育在学总规模达到4 183万人，比上年增加181万人。高等教育毛入学率54.4%，比上年增加2.8个百分点。2020年，我国在学研究生313.95万人，其中博士生46.65万人，硕士生267.30万人；毕业研究生72.87万人，其中博士生6.62万人，硕士生66.25万人。2007年秋季，美国在学研究生229.4万人，第一专业学位学生35.1万人。绝大多数第一专业学位属于博士学位和硕士学位，因此第一专业学位学生基本上可以划入研究生的范畴。美国研究生阶段在学人数约为264.5万人，远远超过我国140.49万人的规模。同年，美国高等学校授予硕士学位625 023人，第一专业学位91 309人，博士学位63 712

人，第一专业学位和博士学位授予量共计 155 021 人，为我国授予博士学位总量的 3 倍多。同时，我国高等学校在人才培养质量方面也与世界名校之间有着较大差距。与世界名校大都培养出过一批诺贝尔奖获得者等高层次人才相比，我国高校所培养的人才则缺乏国际竞争力。著名国际咨询公司麦肯锡在 2005 年的调查报告《应对中国隐现的人才短缺》中指出：虽然中国大学生、工程师数量是美国的数倍，但部分大学生和工程师缺少实际应用技巧及英语水平较低，满足不了跨国公司的要求。这在一定程度上反映了我国高等学校人才培养质量存在的问题。

### 3.5.2 原创性科研成果较少，影响力偏低

科研创新力是指大学基础性研究的创新能力和综合性研究的创新能力，前者旨在创立新的理论，或者完善已有的定理、定律和学说，后者指在具有广泛应用背景的研究领域中，以开拓新领域，获取新知识、新原理和新方法为主旨的研究。近年来，我国科技论文数量不断增加，占世界比例和位次不断提升。根据中国科学技术信息研究所《中国科技论文统计结果 2020》报告所示，按 2019 年 SCI、EI、ISTP 合计，我国作者发表在国际主要科技期刊和重要会议上的论文共 46.38 万篇。按照国际论文数量排序，我国居美国之后位居世界第 2 位，高于英国、德国、日本。但是，我国作者发表的科技论文篇均被引用次数偏低，影响力偏小。在 1999—2019 年间发表 SCI 论文累计超过 20 万篇以上的国家共有 14 个，我国科技人员共发表论文 64.97 万篇，排在世界第 5 位；论文共被引用 340 万次，排在世界第 9 位；平均每篇论文被引用 5.2 次，排在第 12 位，与世界平均值 10.06 次还有不小差距。由于我国国际科技论文 85% 以上出自高等学校，这在一定程度上反映出高等学校原创性不足、科学研究创新力偏低的现象。

### 3.5.3 科技成果转化率低，服务社会能力不强

大学的社会服务创新力主要是指大学创新活动对国家和区域经济社会发展的贡献，特别是科研成果转化为现实生产力的能力。专利是衡量大学科技成果转化率和服务创新力的重要指标。据世界知识产权组织发布的《世界专利报告》，全球有效专利数量在 2021 年增长了 4.2%，达到约 1 650 万件。中国拥有的有效专利数量达到 360 万件，超过美国成为 2021 年有效专利数量最多的管辖区域。排在中国之后的是美国（333 万件）、日本（202 万件）、韩国（115 万件）和德国（87.8 万件）。2021 年，中国的有效专利数量增长最快（+17.6%），排在其后的是德国（+5.2%）和韩国（+5.2%），而日本（−0.9%）和美国（−0.6%）

则出现了小幅下降。最能比较各国大学服务创新能力的是经济合作与发展组织（OECD）提出的"三方专利"。所谓"三方专利"，是指向美国、日本以及欧洲专利局都提出了申请并至少已在美国专利商标局获得发明专利的同一项发明专利。按照OECD的统计，经过持续多年两位数增长，中国PCT专利年度申请量已连续3年（2019—2021年）居全球榜首，"三方专利"申请数也持续增长，已达全球第三位；另外，中国"三方专利"年度申请数量虽已位于第三位，但仅为日本的31%、美国的43%；据OECD的2022年11月14日数据，2020年中国发明人拥有的三方专利件数为5 897项，增长了5.4%，数量占世界三方专利的10.2%，继续排世界第三位。但数量与前两位的日本和美国差距较大，仅约为日本三方专利件数的三分之一，不到美国三方专利件数的一半。截至2022年底，中国发明专利有效量为421.2万件，有效注册商标量为4267.2万件，同比增长17.1%、14.6%。

## 3.6 中国大学创新力评价构成的核心要素

### 3.6.1 学术声誉

学术声誉在大学评价中占有极其重要的分量。对大学学术声誉进行测评，不仅是大学对自身理念和行为进行观测的需要，也是社会各界了解大学办学情况的需要。学术声誉是指一所大学以科研水平为核心的办学实力，是在社会上尤其是学术界影响的深度与广度。它是一个相对模糊的概念，一般是通过广泛的问卷调查得出的。纵观当今大学评价指标体系的构成，尽管学术声誉所占权重各有差异，但一个基本事实是：学术声誉起着越来越重要的作用，日益成为大学评价体系建构的基点，对大学评价起着重大甚至是决定性的作用。学术声誉的无形价值具有极强的磁场效应，能吸纳大量的有形资源，如优秀的学生、教授专家，政府和企业的赞助、捐赠等，并可使学校的产出大大增值，如毕业生的市场优势、教授的学术权威和影响等。正因为如此，在国外大学评价中，学术声誉指标的效能经过长期检验，已经得到大学和社会的广泛认可，学术声誉的指标及其权重历年不减，成为最稳定的指标。

### 3.6.2 学科竞争力

有竞争力的学科及专业设置是大学评价体系建构的基本单位。大学的核心竞争力是学科竞争力,是否拥有良好的学科及专业结构、集群或生态圈,决定着学科的交叉深度、传统学科的生命力及新兴学科的生长力,决定着大学是否适应科学发展及时代需要。高校的核心竞争力以优势学科为核心,以学科的集群或生态环境为支撑,通过正确的发展战略和资源筹措体系,寻求在人才培养和学术成果与社会需求相适应的过程中取胜。大学评价可以从大学学科及专业结构的完整性、创新性、特色性,以及大范围交叉并能催生新兴学科的学科集群建设中考察大学的学科竞争力。按照这样的大学评价体系要求,大学的学科及专业设置要体现竞争力的特点,就要强化和优化资源投入、创新体制,为高水平学科带头人和学术成果的不断涌现提供体制和环境的保障。对于大学自身来说,制度创新的核心内容是学科制度的创新,学科的活力和竞争力本质上取决于学科制度的性质。既要顺应科学技术整体化发展的趋势,也要鼓励并倡导学科之间相互渗透、相互促进,建设新兴、交叉学科,这已成为现代大学与时俱进、保持领先地位的战略决策和手段。

### 3.6.3 师资力量

一个学校要想在教学、科研、管理等方面出色,高水平的教师队伍必不可少。具有国际声誉的知名大学无一例外地拥有一支高素质教师队伍。怎样评价大学的师资力量?我们认为,培养高层次人才和学术文化发展是高校师资价值功能的本质体现,也是高校师资的社会身份特征。在高校师资评价体系中,多元评价主体的评价行为,同一评价主体的不同评价方案所产生的评价,其实都是在追问高校师资本质质量这个最高存在的过程中产生的。同时,学科的内在水平和服务社会这一外部价值是高校师资的扩展质量。评价高校师资的扩展质量的积极意义在于,它鼓励师资把自己的学术活动与社会发展主动联系起来,在学科内容方面不断超越和创新。高校师资质量的可持续发展对高校师资评价提出的要求是:评价指标的科学性、明晰性和内在联系;评价不仅是管理的环节和手段,更重要的是通过评价要为高校师资质量的持续提高提供有利的生态环境,促进高校师资质量的持续改进,这也即高校师资评价也要成为师资质量保证的环节和手段之一。

### 3.6.4 学生素质

为社会培养合格人才是大学的基本使命,在各种大学排名和评价体系中,将学生素质纳入其中是一个重要的趋势。大学生生源质量、学生的在学状况和毕业生就业情况这三方面是国际公认的衡量一所大学办学质量和水平的重要指标。一是学生来源，主要反映一所大学对学生的吸引力。目前我国高等教育经过扩招后，教育资源不断得到扩张，学生对教育资源的选择具有很大的空间，这样势必会造成学生开始关注大学的声誉。拥有较好声誉的大学，必然能够吸引更好的生源。二是学生的在学状况，如新生保留率、毕业率、获奖情况、学生满意度等，主要反映一所大学的教学质量。教育内容的多元化决定了对学生在学状况评价从内容形式到方式方法的多元化。评价类型应该是结果性评价和发展性评价共存；评价形式应该是丰富多彩的，既要有综合评价又要重视单项、单科评价；其评价内容既要坚持业务性评价又要加强社会活动的评价。三是学生毕业后的状况，如毕业后的深造情况、短期就业率、长期就业率、失业率、薪金水平等，主要反映大学的人才培养质量和社会及用人单位对某大学的信任程度。大学的教育质量归根到底是其毕业生满足社会需求的适用性。毕业生就业情况是检验大学办学水平的重要标志，是学校生存的基础。毕业生的社会认可度往往和学校声誉联系在一起。与此同时，毕业生就业状况的好坏，又直接影响大学的招生规模、生源质量和品牌知名度、美誉度，将会对大学办学产生重要的影响。

### 3.6.5 财政资源

财政经费是大学发展重要的物质支撑，特别是在发展中国家，其重要性更为突出。因此，它在大学评价中的权重大大超过发达国家高校。目前，随着高等教育规模日益扩大，大学资源竞争日趋紧张。积极的反应是：大学通过自己的创造性努力，充分利用大学的内外部环境因素，求得大学的进一步发展。对大学财政资源的评价主要考察以下几个方面：一是传统的经费来源渠道。政府拨款仍然占大学经费来源的大头，这取决于两个因素，即在校学生数和科研服务的方向。除争取上级政府的拨款和科研经费以外，与大学所在地的地方政府建立良好的关系而获得的支持也应该在评价之列。二是科学技术转化情况。大学是发明的场所，是知识创造的重要中心，应该将科技发明的优势转化为效益和经济上的优势。三是募捐向制度化和规范化方向发展。大学争取社会捐赠是一种传统，但募捐数量之大，募捐手段之规范，募捐范围之广，历史上任何阶段都不能与今天相比。四是大学成立公司，直接走进市场。这种形式不仅可以为学校带来收入，也可以创造就业机会，还可以促进大学科技的转化，使资源得到充分利用。五是通过大学互助，实行大学资源共享。资源共享的范围正在拓展，从设备到课程，再到科研、经营，都可以成为资源共享的对象。

## 本章小结

基于本章分析，本研究认为，识别大学创新力的影响因素首先要明确在我国的社会背景下的创新力内涵以及创新的特征。因此首先得出我国大学创新力的主要特征有时代性，注重新、旧的对比，并且具有成果效益。然后，本章节对影响我国大学创新力的主要影响因素进行了分析，认为大学的创新力要强调"新"产出与可持续，提出资源投入、环境扶持、成果输出以及收益回报是影响大学创新表现的关键因素这一诊断。随后，从大学的核心职责角度出发，认为在大学评价体系指标选取的过程中需要涵盖关键的特征因素与影响因素，充分考虑人才培养、创新成果产出、社会服务能力以及文化传承四个方面。接着研究了中国大学创新力建设的制度环境与组织维度，阐述中国大学创新力存在的问题，判断中国大学创新力评价构成的核心要素。因此，有必要设计一套指标科学性强、可操作性强，公正、合理的大学创新性评价指标，用以对我国高校的创新力进行科学评价，助推我国大学创新能力提升，更好地为创新型国家战略作贡献。

# 4 中国大学创新力评价指标体系构建

## 4.1 评价指标体系的功能

本研究在探讨大学创新性评价的概念、内涵、表现、界定范围和分类准则等理论基础上,结合教育部学科评估体系、双一流高校评价体系,以及上海交大、武汉大学、武书连团队等的既有评价体系,对现有指标进行筛选与补充,探索构建一套充分体现中国大学创新性特色的评价指标体系。力争做到以评促建、以评促改、以评促管,助力大学创新能力持续提升,推动大学努力成为催化产业技术变革、加速驱动科技创新的策源地。

## 4.2 评价指标体系的设计思路

基于对我国大学创新力评价存在的问题与影响因素的分析,本研究从我国大学的基础职能角度出发设计评价指标,如图4-1所示。第一,大学作为高等教育学府,承担着为国家和社会培养人才的重担。因此大学的创新力首先体现在对创新型人才的培养上,表明新时代我国大学的创新力要具备人才培养能力。第二,大学作为我国科技创新体系中的关键参与主体,要将"能力"转化为输出与潜力,因此在指标选取过程中要综合考虑该大学在科学研究方面的成果与潜力。第三,大学应当充分发挥社会价值,将科研成果应用到社会的发展与进步中,因此在衡量我国大学创新力的过程中应当充分考虑大学与社会服务板块对接的能力。第四,塑造一个良好的大学创新环境是十分必要的。一个宽松、健全的创新生态系统能够将大学的创新潜力最大程度地发挥出来,并且完备的人、财、物等物质支持环境能够极大程度地鼓励创新团队营造创新文化氛围。因此,大学自身构建一个良好的治理环境是实现自身创新力蓬勃发展的重要前提。

综上可知,大学创新力是一种综合能力的体现,要通过多角度对其进行衡量才能客观地呈现一所大学的真正实力。因此评价并提升我国大学的创新能力要综合关注各个角度与模块,不能有所偏废。

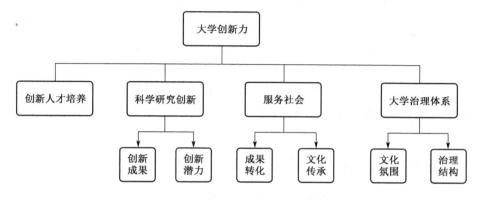

图 4-1　中国大学创新力结构图

## 4.3　评价指标体系的设计原则

中国大学创新性评价指标体系设计以习近平新时代中国特色社会主义思想为指导,深入贯彻中共中央、国务院《深化新时代教育评价改革总体方案》精神,遵循如下原则:

### 4.3.1　实现系统性原则

大学创新性内涵丰富,要对它们进行科学的综合评价,就要紧紧抓住大学创新能力中最本质的特征来分层次构建指标体系,而且这些指标之间必须有很强的内在逻辑关系:下级指标能够全面支撑上级指标,其中指标的上下级也要充分体现指标体系间的统领关系,实现评价体系中各个指标能够分层次且模块化地围绕被评价对象进行高效且准确的定位分析过程。

### 4.3.2　体现核心性原则

在体系的构成上要全面且简洁,即指标的设定需要全面涵盖能够描述大学在创新能力方面的各个维度,保证评价的完整性,与此同时要在设计过程中紧紧围绕体系的核心一级指标进行分类与扩充，不能让指标过度庞大、复杂。

### 4.3.3 保证定性与定量的适度结合原则

本研究的评价指标体系在设计的全过程要紧紧围绕十九大精神和习近平总书记在全国教育大会和 2018 年两院院士大会上的重要讲话精神，按破除"五唯论"的要求，采用定性指标和定量指标相结合的方法。定量指标采用可量化和可获得的指标，这类指标指可以通过社会层面的权威机构所披露出来的各类统计数据，以及通过可获得的直接数据进行计算和处理后的间接可获得数据。通过这些可以直观量化的数据能够保证评价结果的准确性和客观性，提升评价结论的说服力与可靠性。定性指标设置开放性留白，充分体现特色贡献。定性指标设计是指可由专家进行评价的指标。

### 4.3.4 平衡数量与质量间关系原则

我国"双一流"高校建设的过程中要对其进行实时的动态监测以保证其学科建设的稳定性，在这样的诉求下就要求准确且客观地开展高校科技创新建设的成效评价以及学科建设评估。国家知识产权局就发文提到，在进行评价的过程中要将科研成果转化、专利技术转化成果作为绩效评价的关键衡量指标。《科技部关于提升高等学校专利质量促进转化运用的若干意见》明确指出，在考核专利的过程中不能片面地对数量进行考核，更要注重专利成果转化的应用效果。因此在大学创新性指标体系设计上，不仅要有体现数量的指标，更重要的是要有体现质量的指标，鼓励多出高质量的成果，坚持转化导向。

### 4.3.5 过程性评价指标与结果性评价指标相结合原则

评价体系要充分体现评价结果的诊断作用，要将过程性指标与结果性指标相结合。大学创新力的评价体系的构建需要将结果应用到诊断与服务领域，做到以评促建并且力争实现以评促升。根据评价结果分析大学在创新过程中的短板与不足，发挥现有优势推动机制体制改革，助力我国高校创新环境的转型升级，充分发挥大学的创新潜力，充分利用创新资源，提升大学创新实力。

## 4.4 评价指标体系的构建方法

指标选取的科学性与合理性是保证本研究的大学创新力评价体系具备客观性

的关键环节，也是对大学创新力进行有效评价的关键前提。本研究在指标选取上充分体现设计的合理性、科学性与全面性等设计原则，充分考虑过程性指标与结果性指标、定性指标与定量指标的合理分配；从设计思路上看，指标选取以我国大学的使命任务为出发点，强调人才培养在创新力评价中的重要地位，在科研成果的衡量上注重破除"五唯论"，关注创新成果的转化情况；设计思路以我国高等院校的社会贡献性与创新治理体系创新性为导向，突出体现我国的社会背景与时代需求。因此，本评价指标体系在理念上首先是紧紧围绕中共中央、国务院《深化新时代教育评价改革总体方案》的重要指导精神，同时结合双一流高校评价体系中对杰出研究贡献的要求，和现有的上海交大（软科）、武汉大学、武书连团队等设计的评价指标体系中共有的人才培养、科学研究的一些指标，再添加创新性特征的其他表现指标，使设计的体系符合创新性评价的要求。基于此，本文围绕大学创新力四个特征——创新型人才培养、科研成果产出、技术创新及转化、创新生态系统进行指标筛选。

## 4.5 评价指标体系内容

### 4.5.1 人才培养创新性

在大学人才培养角度的指标设计中，武书连团队设计的评价体系从研究生和本科生的质量出发，主要考察大学在课程设计、毕业生数量以及相关教学团队等方面的表现；世界大学学术排名则是更多地关注教师获得诺贝尔奖、菲尔兹奖等在学科建设领域方面的质量情况；软科则是将注意力放在学科、办学水平上，对于人才培养则是从培养过程中所具备的条件和改革情况进行考量；中国重点大学排行榜没有将人才培养设定为一级指标，而是通过办学资质与教学水平来衡量大学在人才培养方面的创新潜力；国际大学创新力评价利用创新实力作为一级指标，通过教师的获奖情况来体现大学在人才培养方面具备的师资水平；路透社在评价大学创新力上没有过多考虑人才培养；我国第五轮学科评估指标体系强调了人才培养的重要性，能够通过衡量大学培养过程的质量以及师资情况来体现人才培养的创新潜力，并根据在校生与毕业生的质量分析对于人才培养的创新实力。

### 4.5.2 科学研究创新性

武书连团队和世界大学学术排名在考量大学的科研能力时都是主要通过论文

数量与质量来进行评估；软科在评估大学科研情况时引入了论文与项目数量，此外也从经费角度对创新潜力进行分析；中国重点大学排行榜在评价大学创新活力的过程中重点强调其创新性的科学研究，在评估衡量相关论文产出的同时亦关注各类项目与成果的质量和科研团队能力；国际大学创新力评价是通过大学的创新活力展现大学在科研创新层面上的情况，"活力"主要是针对论文数量；路透社将关注重点放在专利上，包括相关专利和论文的数量及引用情况；我国第五轮学科评估主要通过教师和学生在学科研究层面上的成果与获奖情况对科学研究水平进行评价。

### 4.5.3 社会服务创新性

武书连团队、世界大学学术排名、中国重点大学排行榜、路透社都没有将大学的社会贡献能力列为一级指标，对社会服务性的关注度不高；国际大学创新力评价能够通过本地指数在一定程度上体现大学的社会影响力；软科对服务性的衡量是通过校企之间的合作情况以及科技成果的转化情况进行体现；我国第五轮学科评估从学校的声誉以及社会贡献度来衡量大学对社会的贡献能力。

### 4.5.4 治理体系创新性

武书连团队、世界大学学术排名、中国重点大学排行榜、国际大学创新力评价、路透社、第五轮学科评估都没有将大学在文化氛围与治理体系的创新表现作为评价指标。

综合以上指标，本书对现有评价体系进行指标筛选与完善，设计了一份含4个二级指标、11个三级指标在内的指标体系，如表4-1所示。

随后，将这张表提供给14位专家，请他们对指标的重要性和可操作性进行打分，并且，请他们根据大学创新性的特性，予以必要的补充。根据第一轮专家咨询的结果，对指标体系中重要性偏小和可操作性不强的项进行删减，有些专家额外补充了一些建议。通过对第一轮结果进行整理，并添加上专家们补充的那些因素，整理成第二份表格，再次提供给这14位专家，请他们进行第二轮选择及补充。如此反复，到第三轮，14位专家的意见趋于一致，共同选择了4个一级指标、12个二级指标、18个三级指标作为大学创新性的评价因素，如表4-2所示。

表 4-1 初始评价指标体系

| 一级指标 | 二级指标 | 三级指标 | 观测点 | 备注 |
| --- | --- | --- | --- | --- |
| 大学创新性 | 人才培养创新性 | 培养模式创新性 | 培养模式方面的改革创新特色及成效 | 过程性、定性 |
| | | 创新人才培养质量 | 思想政治教育成效 | 结果性、定量 |
| | | | 杰出校友 | 结果性、定量 |
| | | | 创新创业竞赛获奖 | 结果性、定量 |
| | | | 教育教学成果 | 结果性、定量 |
| | | | 高水平教学平台 | 结果性、定量 |
| | | | 国际化教育 | 结果性、定量 |
| | | | 校友捐赠 | 结果性、定量 |
| | 科学研究创新性 | 科研过程创新性 | 组织科研过程中的机制创新特色及成效 | 过程性、定性 |
| | | 科研创新能力 | 自然科学研究 | 结果性、定量 |
| | | | 社会科学研究 | 结果性、定量 |
| | | 标志性成果 | 重大项目 | 结果性、定量 |
| | | | 重大成果 | 结果性、定量 |
| | 社会服务创新性 | 服务国家重大事件 | 服务国家"急难险重"事件时发挥的作用和做出的贡献 | 过程性、定性 |
| | | 科技成果转化 | 科技服务 | 结果性、定量 |
| | | | 成果转化 | 结果性、定量 |
| | | 文化传承与创新 | 在传统文化、社会主义先进文化传承方面的特色及成效 | 过程性、定性 |
| | | 社会服务机构建设 | 引领学术发展、推进科学普及、承担公共服务、发挥智库作用等方面的特色及成效 | 过程性、定性 |
| | 治理体系创新性 | 治理结构创新 | 围绕治理能力提升的大学内部治理结构改革的创新举措和成效 | 过程性、定性 |
| | | 创新文化氛围 | 创新文化氛围营造的创新举措和成效 | 过程性、定性 |

表 4-2　大学创新力评价指标体系

| 一级指标 | 二级指标 | 三级指标（观测点） | 备注 |
| --- | --- | --- | --- |
| 人才培养创新性 B1 | 培养模式创新性 C1 | 培养模式方面的改革创新特色及成效 D1 | 过程性、定性 |
| | 人才培养质量 C2 | 人才卓越度 D2 | 结果性、定量 |
| | | 学生优异度 D3 | 结果性、定量 |
| | | 人才贡献度 D4 | 结果性、定量 |
| | | 国际吸引度 D5 | 结果性、定量 |
| | 人才培养社会满意度 C3 | 用人单位对毕业生各项能力的总体满意度 D6 | 结果性、定量 |
| 科学研究创新性 B2 | 科研过程创新 C4 | 有组织科研过程中的机制创新特色及成效 D7 | 过程性、定性 |
| | 科研创新能力 C5 | 自然科学研究 D8 | 结果性、定量 |
| | | 社会科学研究 D9 | 结果性、定量 |
| | 标志性成果 C6 | 重大项目 D10 | 结果性、定量 |
| | | 重大成果 D11 | 结果性、定量 |
| 社会服务创新性 B3 | 服务国家重大事件 C7 | 服务国家"急难险重"事件发挥的作用和做出的贡献 D12 | 过程性、定性 |
| | 科技成果转化 C8 | 科技服务 D13 | 结果性、定量 |
| | | 成果转化 D14 | 结果性、定量 |
| | 文化传承与创新 C9 | 在传统文化、社会主义先进文化传承方面的特色及成效 D15 | 过程性、定性 |
| | 社会服务机构建设 C10 | 引领学术发展、推进科学普及、承担公共服务、发挥智库作用等方面的特色及成效 D16 | 过程性、定性 |
| 治理体系创新性 B4 | 治理结构创新 C11 | 围绕治理能力提升的大学内部治理结构改革的创新举措和成效 D17 | 过程性、定性 |
| | 创新文化氛围 C12 | 创新文化氛围营造的创新举措和成效 D18 | 过程性、定性 |

## 本章小结

本章首先明确大学创新力评价体系在设计过程中的重要指标因素，强调创新力评价体系要突显新时代大学创新力的时代性，强调新旧对比，关注成果效益的特点。根据本研究将大学创新力评价定义为：对大学在人才培养、科学研究、社会服务等方面创新性的综合，以全面反映其创新性状态。并基于此对评价体系进行了初步设计。最后，本研究结合教育部学科评估体系、双一流高校评价体系，以及上海交大、武汉大学、武书连团队等的既有评价成果，探索构建一套充分体现中国大学创新性特色的评价指标体系，最终确定了4个一级指标、12个二级指标、18个三级指标作为大学创新性的评价因素。

# 5 基于 ANP 法的指标权重确定和评价模型构建

## 5.1 ANP 法的基本理论

基于层次分析法（analytic hierarchy process，AHP）的理论基础，美国匹兹堡大学的 T. L. Saaty 教授在 1996 年提出了网络分析法（analytic network process，ANP）[100-101]。ANP 的结构相较 AHP 更为复杂，它利用所研究的系统内各个元素之间的相互关系构成一种网络结构，解决了 AHP 的递阶式这种过于简单的层次结构不能有效反映元素间关系的问题，使其能够在系统研究中充分考虑元素与元素间的相互影响与制约作用。ANP 的网络结构更加复杂且更加交错，因此这种分析方法可以更加准确地对事物间的客观联系进行描述。

具体来看，这种分析方法在指标构建过程中的体系构建可以分成如图 5-1 所示的两个层面：控制层与网络层。首先，控制层包含两大内容：问题目标以及应用的决策准则，其中决策准则彼此独立没有依存连带关系，各准则只受到目标元素的控制。但是在有些特殊情况下，控制层也可以没有决策准则。但是目标元素是必不可少、至少存在一个的。第二个内容就是网络层，这个层级里面的各个元素是相互影响相互制约的，也正因如此才能够在系统内形成较为复杂的网络。

由于 ANP 法具备如上的优点，一经提出就受到广泛的关注与反响。这一研究方法随后被广泛应用到众多领域当中，例如资源配置、学科评价、方案设计、经济宏观调控等等。在实际应用过程中 ANP 法的具体操作流程可以分解为如下几步。

# 5 基于 ANP 法的指标权重确定和评价模型构建

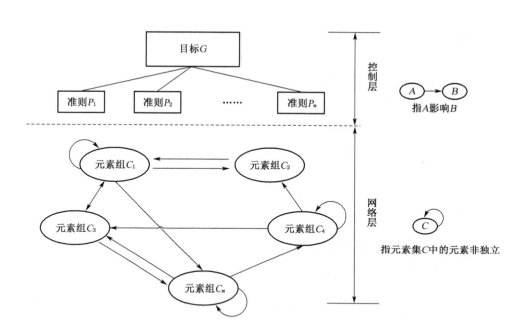

图 5-1　ANP 典型结构模型

## 5.1.1　ANP 网络结构的构建

第一步是要基于研究对象对决策目标和决策准则进行确定。此时确定的准则起到承接作用，对上来说是要隶属于目标，同时对下而言是要分别对一个网络结构进行控制，当然若在特殊情况下准测不存在时只需要设定目标。第二步就是要设计网络层，在这个过程中要确定网络层中的元素集合以及元素内容。本研究是对于评价体系进行设计，因此本研究的元素集合就是序参量，内含的元素就是评价指标。在接下来的分析方式上就类似于 AHP，即利用调查等方式实现元素间关联性的确定。

## 5.1.2　准则的权重确定

在确定指标权重过程中，各个准则之间的相互独立导致权重的确定和 AHP 相同，即利用两两对比来简化判断矩阵，随后对矩阵进行求解，并将得到的矩阵进行归一化处理，最后检验得到矩阵的一致性。具体来看：

（1）现假设 $a_{ij}$ 为判断矩阵原数据，假设 $b_{ij}$ 为标准判断矩阵数据。按列将判断矩阵规范化，得到标准判断矩阵：

$$b_{ij} = \frac{a_{ij}}{\sum_{k=1}^{n} a_{kj}} \qquad (5-1)$$

(2) 按行对标准判断矩阵进行求和

$$W_i = \sum_{j=1}^{n} b_{ij} \qquad (5-2)$$

(3) 对所求和进行归一化处理，求得对应权重

$$W_i = \frac{W_i}{\sum_{j=1}^{n} W_i} \qquad (5-3)$$

随后为了判断矩阵的合理性，要对得到的矩阵进行一致性检验，过程如下：
(1) 计算偏离一致性指标 $CI$：

$$CI = \frac{\lambda_{\max} - n}{n - 1} \qquad (5-4)$$

(2) 查找随机一致性指标 $RI$：

表 5-1 随机一致性指标 $RI$ 标准值

| $m$ | 1 | 2 | 3 | 4 | 5 | 6 | 7 | 8 | 9 |
|---|---|---|---|---|---|---|---|---|---|
| $RI$ | 0 | 0 | 0.52 | 0.89 | 1.12 | 1.26 | 1.36 | 1.41 | 1.46 |

(3) 计算一致性比例系数 $CR$：

$$CR = \frac{CI}{RI} \qquad (5-5)$$

若 $CR$ 值小于 0.1，说明通过一致性检验，反之则说明没有通过一致性检验，即先前的判断矩阵数据存在自相矛盾的情况，应重新构造判断矩阵。

### 5.1.3 元素间判断矩阵的构建

通过调查分析各个元素间的相关关系，利用两两比较的方法求得判断矩阵。具体来说，在实施环节首先要根据已经构建好的网络层次关系，结合与 AHP 法相似的打分体系，将专家组对指标的评分进行代入。与层次分析法相类似，判断矩阵通过一个给定准则进行构造，但与层次分析法不同的是，两个元素间的相互影响程度会受到第三个元素的影响。

表 5-2 判断矩阵的评分准则定义

| 评分 | 定义 |
| --- | --- |
| 1 | 二者相比，受第三方元素的影响相同 |
| 3 | 二者相比，前者受第三方元素影响比后者稍大 |
| 5 | 二者相比，前者受第三方元素影响比后者较大 |
| 7 | 二者相比，前者受第三方元素影响比后者特大 |
| 9 | 二者相比，前者受第三方元素影响比后者极大 |
| 2、4、6、8 | 上述相邻评分的中间值 |
| 上述评分值的倒数 | 若元素 $q$ 和 $k$ 受第三方元素的影响程度之比为 $a$，则 $k$ 和 $q$ 受第三方元素的影响程度之比为 $1/a$ |

## 5.1.4 超级矩阵的求解、计算评价指标权重

第四步是对网络层次分析法获得的超级矩阵进行计算，得到对应的未加权超级矩阵、加权超级矩阵以及极限超级矩阵，并最终确定各个元素指标的相对权重以及在整个体系中的总体权重，具体步骤可分为如下几步：

（1）构建未加权的超级矩阵。将前期完成了特征向量归一化以及完成了一致性检验的判断矩阵进行整合，将所有矩阵构建为一个大的矩阵，这个矩阵就被称为未加权超级矩阵。此时我们假定网络层中的指标为 $C_1, C_2, \cdots, C_n$，这里的指标组 $C_i$ 包含指标 $d_{i1}, d_{i2}, \cdots, d_{in}$，以某个元素组 $C_j$ 为例进行分析，其中 $d_{jn}$ 是第三方准则对准则组 $C_i$ 里的准则展开两两比较分析，进而构成判断矩阵，随后利用一致性检验对判断矩阵进行检验，并将归一化后的特征向量也称之为权重向量，表示为 $[W_{i1}^{(jn)}, W_{i2}^{(jn)}, \cdots, W_{in}^{(jn)}]^T$。同样地，我们可以得到其他指标的特征向量，并根据这些权重向量得到一个局部矩阵 $W_{ij}$。

$$W_{ij} = \begin{bmatrix} W_{i1}^{(j1)} & W_{i1}^{(j2)} & \cdots & W_{i1}^{(jn)} \\ W_{i2}^{(j1)} & W_{i2}^{(j2)} & \cdots & W_{i2}^{(jn)} \\ \vdots & \vdots & \ddots & \vdots \\ W_{in}^{(j1)} & W_{in}^{(j2)} & \cdots & W_{in}^{(jn)} \end{bmatrix} \quad (5-6)$$

在这个过程中要指出，当两个元素组之间没有相互影响的关系时，此时的 $W_{ij}$ 为 $0$。随即将得到的所有局部权重矩阵进行组合即可得到我们所求的未加权超级矩阵。

$$W = \begin{bmatrix} W_{11} & W_{12} & \cdots & W_{1n} \\ W_{21} & W_{22} & \cdots & W_{2n} \\ \vdots & \vdots & \ddots & \vdots \\ W_{n1} & W_{n2} & \cdots & W_{nn} \end{bmatrix} \quad (5-7)$$

（2）加权超级矩阵的求解。同样，我们以某个既定的指标组为例并以第三方元素 $C_j$ 为标准，分析其对其他元素的影响进而形成判断矩阵，即可得到它的归一化后的特征向量也就是权重向量。假定特征向量表示为 $(v_{1j}, v_{2j}, \cdots, v_{Nj})^T$，也就得到所求的加权矩阵 $V$。

$$V = \begin{bmatrix} v_{11} & v_{12} & \cdots & v_{1N} \\ v_{21} & v_{22} & \cdots & v_{2N} \\ \vdots & \vdots & \ddots & \vdots \\ v_{N1} & v_{N2} & \cdots & v_{NN} \end{bmatrix} \quad (5-8)$$

加权矩阵 $W_i$ 是两个矩阵相乘的结果，即加权矩阵和未加权的超级矩阵 $W$ 的相乘结果，此时 $W$ 就是所求的加权超级矩阵。

（3）极限超级矩阵的求解。极限超级矩阵其实是加权超级矩阵在与其自身相乘趋向于无限多次的过程后得到的一个不变的收敛极限值，并且这个极限值是一定不会发生变化的。此时就可以通过对极限超级矩阵的计算求解来得到各个指标的权重排序，也就是我们所求的总体权重大小。

在计算超级矩阵的过程中要经历烦琐的计算过程，其人工计算具有很高的难度系数，因此在实际的计算过程中均是通过 Super Decisions 软件得以实现正确的计算与求解。

## 5.2 基于 ANP 法的指标权重确定

### 5.2.1 确定一级指标权重

基于前文构建的大学创新性评价指标体系，现可知人才培养创新性 B1、科学研究创新性 B2、社会服务创新性 B3、治理体系创新性 B4 等一级指标属于网络层次分析法中控制层的各决策准则，其权重可基于层次分析法求出。已知经专家打分对各一级指标间的重要性进行两两比较得到的判断矩阵如表 5-3 所示。

表 5-3 "大学创新性 A"两两比较判断矩阵

| 大学创新性 A | 人才培养创新性 B1 | 科学研究创新性 B2 | 社会服务创新性 B3 | 治理体系创新性 B4 |
|---|---|---|---|---|
| 人才培养创新性 B1 | 1 | 1 | 2 | 2 |
| 科学研究创新性 B2 | 1 | 1 | 3 | 3 |
| 社会服务创新性 B3 | 1/2 | 1/3 | 1 | 2 |
| 治理体系创新性 B4 | 1/2 | 1/3 | 1/2 | 1 |

先是通过"和积法"计算人才培养创新性 B1、科学研究创新性 B2、社会服务创新性 B3、治理体系创新性 B4 等一级指标的权重，主要分为三步。

第一步，将目标层元素"大学创新性 A"对应判断矩阵按列归一化处理，即通过每个判断矩阵值除以该列的总和得到，结果如表 5-4 所示。

表 5-4 "大学创新性 A"归一化处理判断矩阵

| 大学创新性 A | 人才培养创新性 B1 | 科学研究创新性 B2 | 社会服务创新性 B3 | 治理体系创新性 B4 |
|---|---|---|---|---|
| 人才培养创新性 B1 | 0.3333 | 0.375 | 0.3077 | 0.250 |
| 科学研究创新性 B2 | 0.3333 | 0.375 | 0.4615 | 0.375 |
| 社会服务创新性 B3 | 0.1667 | 0.125 | 0.1538 | 0.250 |
| 治理体系创新性 B4 | 0.1667 | 0.125 | 0.0769 | 0.125 |

第二步，将归一化判断矩阵的每一行求和，求得结果如表 5-5 所示。

表 5-5 归一化判断矩阵按行求和

| 大学创新性 A | B1 | B2 | B3 | B4 | 和 |
|---|---|---|---|---|---|
| 人才培养创新性 B1 | 0.3333 | 0.375 | 0.3077 | 0.250 | 1.266 |
| 科学研究创新性 B2 | 0.3333 | 0.375 | 0.4615 | 0.375 | 1.5448 |
| 社会服务创新性 B3 | 0.1667 | 0.125 | 0.1538 | 0.250 | 0.6955 |
| 治理体系创新性 B4 | 0.1667 | 0.125 | 0.0769 | 0.125 | 0.4936 |

第三步，将归一化判断矩阵按行求和的结果再次进行归一化处理，即可得到目标层元素"大学创新性 A"对应判断矩阵中各一级指标权重，具体结果如表 5-6 所示。

表 5-6  一级指标权重结果

| 一级指标 | 权重 |
| --- | --- |
| 人才培养创新性 B1 | 0.3165 |
| 科学研究创新性 B2 | 0.3862 |
| 社会服务创新性 B3 | 0.1739 |
| 治理体系创新性 B4 | 0.1234 |

在求出人才培养创新性 B1、科学研究创新性 B2、社会服务创新性 B3、治理体系创新性 B4 等一级指标权重后，需要进行一致性检验，通过计算判断矩阵的 $CI$、$RI$ 和 $CR$ 值分三步来进行，如果最后求得的 $CR$ 值小于 0.1，则通过一致性检验。

第一步，基于判断矩阵最大特征值和矩阵阶数计算出判断矩阵的一致性指标 $CI$。求得在此目标层元素"大学创新性 A"对应判断矩阵中，最大特征值为 4.0819，进而求得 $CI = 0.0273$。

第二步，查找 $RI$ 值，由于目标层元素"大学创新性 A"对应判断矩阵为 4 阶矩阵，求得 $RI = 0.8900$。

第三步，基于 $CI$ 和 $RI$ 值，计算出一致性比例 $CR = 0.0307$，小于 0.1，通过一致性经验。

## 5.2.2  确定二、三级指标相对权重

基于前文构建的大学创新性评价指标体系，可知二、三级指标属于网络层元素，对应着网络层次分析法中的元素集和元素，借助 Super Decisions 软件计算人才培养创新性 B1、科学研究创新性 B2、社会服务创新性 B3、治理体系创新性 B4 等决策准则下各元素相对权重。以决策准则人才培养创新性 B1 为例，计算其所属的二、三级指标相对权重过程如下：

第一步，在 Super Decisions 软件中创建元素集。通过软件中的 Cluster 菜单命令创建元素集，对应的是培养模式创新性 C1、人才培养质量 C2、人才培养社会满意度 C3 等二级指标。人才培养创新性 B1 下各元素集创建结果见附录二中图 B.1 所示。

第二步，在 Super Decisions 软件中创建元素。通过软件中的 Node 菜单命令创建元素，对应的是培养模式方面的改革创新特色及成效 D1、人才卓越度 D2、学生优异度 D3、人才贡献度 D4、国际吸引度 D5、用人单位对毕业生各项能力

的总体满意度 D6 等三级指标。各元素集创建结果见附录二中图 B.2 所示。

第三步，建立元素间的关联。通过软件中的 Node connexions from 命令建立培养模式方面的改革创新特色及成效 D1、人才卓越度 D2、学生优异度 D3、人才贡献度 D4、国际吸引度 D5、用人单位对毕业生各项能力的总体满意度 D6 等元素间的依存和反馈联系，直至元素间所有关联建立完成，结果见附录二中图 B.3 所示。

第四步，在 Super Decisions 软件中输入判断矩阵数据。通过软件中的 Pairwise Comparisons 菜单命令将基于专家打分数据构建的各个判断矩阵数据输入至 Super Decisions 软件中。在判断矩阵数值输入界面，分为左、中、右三部分。左侧是选择项（Choose），可选择 Node（元素）和 Cluster（元素集）；中间是判断矩阵具体数据；右侧为结果（Results），包括一致性指标值及归一化权重向量。以图 5-2 为例，在此判断矩阵中，人才卓越度 D2、学生优异度 D3、国际吸引度 D5 的权重依次为 0.25992、0.41260、0.32748，且一致性检验结果为 0.05159，小于 0.1，通过一致性检验，说明该归一化权重向量在合理范围内。

图 5-2　判断矩阵输入界面实例图

第五步，求取未加权超级矩阵。将所有的判断矩阵数据录入 Super Decisions 软件，在经过一致性检验后利用 Computations 菜单栏下 Unweighted Super Matrix 命令即可得到加权超级矩阵。人才培养创新性 B1 对应未加权超级矩阵具体如图 5-3 所示。

第六步，求取加权超级矩阵。通过主界面中的 Computations 菜单栏下 Weighted Super Matrix 命令可以得到加权超级矩阵。人才培养创新性 B1 对应加权超级矩阵具体如图 5-4 所示。

图 5-3　人才培养创新性 B1 对应未加权超级矩阵

图 5-4　人才培养创新性 B1 对应加权超级矩阵

第七步，求取极限超矩阵。通过主界面中的 Computations 菜单栏下 Limit-Matrix 命令可以得到极限超级矩阵。人才培养创新性 B1 对应的极限超级矩阵具体如图 5-5 所示。

# 5 基于 ANP 法的指标权重确定和评价模型构建

| Cluster Node Labels | | 人才培养社会满意度C3 | 人才培养质量C2 | | | | 培养模式创新性C1 |
|---|---|---|---|---|---|---|---|
| | | 用人单位对毕业生各项能力的总体满意度D6 | 人才卓越度D2 | 人才贡献度D4 | 国际吸引度D5 | 学生优异度D3 | 培养模式方面的改革创新特色及成效D1 |
| 人才培养社会满意度C3 | 用人单位对毕业生各项能力的总体满意度D6 | 0.160267 | 0.160267 | 0.160267 | 0.160267 | 0.160267 | 0.160267 |
| 人才培养质量C2 | 人才卓越度D2 | 0.191383 | 0.191383 | 0.191383 | 0.191383 | 0.191383 | 0.191383 |
| | 人才贡献度D4 | 0.058825 | 0.058825 | 0.058825 | 0.058825 | 0.058825 | 0.058825 |
| | 国际吸引度D5 | 0.177417 | 0.177417 | 0.177417 | 0.177417 | 0.177417 | 0.177417 |
| | 学生优异度D3 | 0.176808 | 0.176808 | 0.176808 | 0.176808 | 0.176808 | 0.176808 |
| 培养模式创新性C1 | 培养模式方面的改革创新特色及成效D1 | 0.235300 | 0.235300 | 0.235300 | 0.235300 | 0.235300 | 0.235300 |

图 5-5 人才培养创新性 B1 对应的极限超级矩阵

第八步，求取各三级指标相对于一级指标的权重。通过主界面中的 Computations 菜单栏下 Priorities 命令可以得到各三级指标相对于一级指标权重。其中，Limiting 对应的是各三级指标相对于一级指标的权重，具体结果如图 5-6 所示。

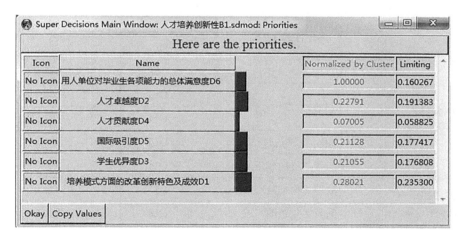

图 5-6 各三级指标相对于一级指标的权重

### 5.2.3 确定各级指标相对于一级指标的权重

重复上述步骤,依次对科学研究创新性 B2、社会服务创新性 B3、治理体系创新性 B4 等一级指标下各二、三级指标相对权重进行计算,得到各三级指标相对于一级指标的权重汇总表,如表 5-7 所示。

表 5-7 各三级指标相对于一级指标的权重汇总表

| 一级指标 | 二级指标 | 三级指标 | 相对于一级指标权重 |
| --- | --- | --- | --- |
| 人才培养创新性 B1 | 培养模式创新性 C1 | D1 | 0.235 3 |
| | 人才培养质量 C2 | D2 | 0.191 4 |
| | | D3 | 0.176 8 |
| | | D4 | 0.058 8 |
| | | D5 | 0.177 4 |
| | 人才培养社会满意度 C3 | D6 | 0.160 3 |
| 科学研究创新性 B2 | 科研过程创新 C4 | D7 | 0.227 4 |
| | 科研创新能力 C5 | D8 | 0.176 9 |
| | | D9 | 0.233 8 |
| | 标志性成果 C6 | D10 | 0.143 0 |
| | | D11 | 0.218 8 |
| 社会服务创新性 B3 | 服务国家重大事件 C7 | D12 | 0.281 8 |
| | 科技成果转化 C8 | D13 | 0.149 3 |
| | | D14 | 0.148 5 |
| | 文化传承与创新 C9 | D15 | 0.209 2 |
| | 社会服务机构建设 C10 | D16 | 0.211 2 |
| 治理体系创新性 B4 | 治理结构创新 C11 | D17 | 0.500 0 |
| | 创新文化氛围 C12 | D18 | 0.500 0 |

## 5.3 ANP 指标体系的构建

大学的创新力是推动我国经济技术发展、加快实现创新型国家建设的重要推动力,而科学的评价指标体系设计是评价我国大学创新力的关键基础与保障。本书最终构建了包括人才培养创新性、科学研究创新性、社会服务创新性、治理体系创新性的 4 个维度、12 个二级指标、18 个三级指标的中国大学创新力评价体系,如表 5-8 所示。

表 5-8 各层级指标总体权重汇总表

| 一级指标 | 总体权重 | 二级指标 | 总体权重 | 三级指标 | 总体权重 |
|---|---|---|---|---|---|
| 人才培养创新性 B1 | 0.316 5 | 培养模式创新性 C1 | 0.074 5 | D1 | 0.074 5 |
| | | 人才培养质量 C2 | 0.191 4 | D2 | 0.060 6 |
| | | | | D3 | 0.056 0 |
| | | | | D4 | 0.018 6 |
| | | | | D5 | 0.056 2 |
| | | 人才培养社会满意度 C3 | 0.050 7 | D6 | 0.050 7 |
| 科学研究创新性 B2 | 0.386 2 | 科研过程创新 C4 | 0.087 8 | D7 | 0.087 8 |
| | | 科研创新能力 C5 | 0.158 6 | D8 | 0.068 3 |
| | | | | D9 | 0.090 3 |
| | | 标志性成果 C6 | 0.139 7 | D10 | 0.055 2 |
| | | | | D11 | 0.084 5 |
| 社会服务创新性 B3 | 0.173 9 | 服务国家重大事件 C7 | 0.049 0 | D12 | 0.049 0 |
| | | 科技成果转化 C8 | 0.051 8 | D13 | 0.026 0 |
| | | | | D14 | 0.025 8 |
| | | 文化传承与创新 C9 | 0.036 4 | D15 | 0.036 4 |
| | | 社会服务机构建设 C10 | 0.036 7 | D16 | 0.036 7 |
| 治理体系创新性 B4 | 0.123 4 | 治理结构创新 C11 | 0.061 7 | D17 | 0.061 7 |
| | | 创新文化氛围 C12 | 0.061 7 | D18 | 0.061 7 |

### 5.3.1 指标含义说明

#### 5.3.1.1 人才培养创新性

(1) 培养模式创新性。该指标为定性指标,评价大学在本科生、研究生教育综合改革、课程建设、三全育人、科教融合、产教融合育人等方面的创新举措和成效。通过该学校的课程教学质量（国家级、省级教学成果的获奖情况，国家级精品公开课、国家级精品资源共享课等课程水平）、研究生导师指导质量与水平（国家级、省级优秀毕业论文、在校生对指导教师的满意度情况进行问卷调查）以及在校学生国际交流情况（赴境外交流学习的在校生人数、来华留学生人数）来进行衡量。

（2）人才培养质量。该指标为定量指标，参考北京理工大学研究生教育研究中心设计的"双一流"建设高校人才培养质量评价体系的指标，从"四个度"来衡量人才培养质量：人才卓越度、学生优异度、人才贡献度、国际吸引度，既关注短期在校人才培养质量，同时紧密结合毕业生长期发展质量。

（3）人才培养社会满意度。该指标为定量指标，通过社会用人单位对毕业生各项能力的总体满意度来衡量。根据毕业生去向情况向就业单位取得联系，并直接与毕业生所在部门及相关领导进行线上问卷调研，请用人单位对毕业生的职场胜任情况、职业道德等方面的满意度进行评价。

#### 5.3.1.2 科学研究创新性

（1）科研过程创新。该指标为定性指标，评价大学在有组织科研过程中，进行体制机制改革方面的创新举措及取得的成效，包括科研评价考核机制、科研人员评聘管理、激励导向机制等。

（2）科研创新能力。该指标为定量指标，参考武书连的中国大学排行榜中关于科学研究的指标体系，分为自然科学研究和社会科学研究两个维度，共13个测量指标。

（3）标志性成果。该指标为定量指标，评价大学取得的标志性和重大创新成果方面的情况，具体指标参考上海软科中国大学排名中的模块九：重大项目与成果。从重大项目和重大成果两个维度进行测量。

#### 5.3.1.3 社会服务创新性

（1）服务国家重大事件。该指标为定性指标，评价大学对国家、区域重大战略需求和经济社会发展的实际贡献，尤其是在国家"急难险重"事件中所做出的贡献。

（2）科技成果转化。该指标为定量指标，评价大学科研成果的实际贡献，具体指标参考上海软科中国大学排名中的模块七：服务社会。从科技服务和成果转化两个维度进行测量。

（3）文化传承与创新。参考双一流建设目标和第五轮学科评估指标框架，对大学在文化传承创新方面的作用进行评价，尤其是评价其在传统文化、社会主义先进文化传承方面的特色及成效。

（4）社会服务机构建设。评价大学对社会服务的影响力，通过在引领学术发展、推进科学普及、承担公共服务、发挥智库作用等方面的特色及成效来测量。

#### 5.3.1.4 治理体系创新性

（1）治理结构创新。评价学校内部治理体制上的创新性，以及体制机制上的改革举措。重点考察大学在构建内部治理结构中行政权与学术权、民主与集中、公平与效率等方面的表现，以大学治理体系结构的内部逻辑性以及改革力度作为考核标准。

（2）创新文化氛围。通过大学专业课程设置以及文化实践活动两个主要方面来综合评价学校内部鼓励创新文化的氛围。并结合高校为营造创新文化氛围投入的软硬件设施，以及在创新文化氛围过程中对"中国化"理念的引入情况

### 5.3.2 评价体系的特点与优势

本研究中构建的指标体系从我国创新体系以及大学创新体系对我国大学的发展要求出发，以大学创新力为根本构建模型，结合我国大学所处的环境特点，在现有的评价体系的基础上进行指标设计，构建了适用于我国的大学创新力评价模型。本研究设计的评价体系指标既包含过程性变量也包含结果性变量，并且综合考量大学在创新层面的定性与定量指标，确保评价体系设置的客观性与科学性。

在定量指标设置方面，人才类数据源自中国共产党新闻网、中国科学院、中国工程院官方网站及公开数据。学生竞赛奖励源自各竞赛官网、各一级学会官方网站。毕业生数据出自各高校《毕业生就业质量报告》。留学生数据出自《来华留学生简明统计》。科研数据采用武书连 2020 中国大学排行榜数据，成果转化数据采用软科 2020 大学评价数据。在定性指标方面，利用专家打分确保评价的客观性。

## 5.4 基于 ANP 的模糊评价模型构建

定量指标一般选取引领性、易量化、可查证、能比较的核心指标，按照每个

指标的计分方法，根据实际情况按照计分办法计分。对于定量指标只需进行标准化处理即为评判值。对于定性指标，则首先要进行量化处理。

定性计分采用"格次赋分"方法，即分为"A、B、C、D"四个格次，先定格次，再赋分值。A格次的比例原则上不超过35%。各格次评价标准及赋分为：
A. 工作质量好，取得重大突破和创新，做出显著成效和贡献，社会影响力大。一般赋予90~100分（以百分制为例，下同）。B. 工作质量较好，取得较大突破和创新，做出较为明显成效和贡献，产生一定社会影响力，一般赋予80~89分。
C. 工作质量一般，取得一定的成效，做出一定的贡献，一般赋予70~79分。
D. 工作质量低下，无成效，无贡献，一般赋予70分以下。

定性指标采用模糊评价的方法，请专家根据选定的样本和给定的样本资料，结合指标体系，根据自己多年积累的经验，对应于四个格次进行判断，根据所有专家独立打分的结果进行汇总计算得出反映定性指标程度的量化值。

因为给定的指标体系划分为2层，故需进行二级综合评价。单因素评价：$B_i = W_i \times R_i$；综合评价：$B = B_i \times W$ 得出最终评价值 $B$。

## 5.5 基于模糊评价模型的案例分析

考虑到数据的可获取性，同层次高校的可比性，故选择以首批一流高校为样本进行评价实践。首批"双一流"大学名单包含A类36所及B类6所大学。

在数据来源方面，人才类数据源自中国共产党新闻网、中国科学院、中国工程院官方网站及公开数据。学生竞赛奖励源自各竞赛官网、各一级学会官方网站。毕业生数据出自各高校《毕业生就业质量报告》。留学生数据出自《来华留学生简明统计》。科研数据采用武书连2020中国大学排行榜数据，成果转化数据采用软科2020大学评价数据。

表5-9 一流大学建设高校创新力评价排名

| 学校 | 分值 | 等次 |
| --- | --- | --- |
| 清华大学 | 100.00 | A |
| 北京大学 | 89.47 | A |
| 浙江大学 | 85.62 | A |
| 上海交通大学 | 84.13 | A |

(续表 5-9)

| 学校 | 分值 | 等次 |
| --- | --- | --- |
| 华中科技大学 | 76.18 | B |
| 南京大学 | 75.79 | B |
| 复旦大学 | 74.43 | B |
| 武汉大学 | 74.37 | B |
| 哈尔滨工业大学 | 73.18 | B |
| 西安交通大学 | 72.26 | B |
| 四川大学 | 71.32 | B |
| 北京航空航天大学 | 70.64 | B |
| 东南大学 | 70.47 | B |
| 同济大学 | 69.96 | C |
| 中山大学 | 68.93 | C |
| 吉林大学 | 68.70 | C |
| 北京理工大学 | 68.21 | C |
| 山东大学 | 68.08 | C |
| 中国人民大学 | 67.90 | C |
| 中国科学技术大学 | 67.85 | C |
| 北京师范大学 | 67.37 | C |
| 中南大学 | 67.13 | C |
| 天津大学 | 66.71 | C |
| 大连理工大学 | 66.16 | C |
| 华南理工大学 | 65.70 | C |
| 南开大学 | 65.50 | C |
| 湖南大学 | 65.47 | C |
| 厦门大学 | 65.42 | C |
| 西北工业大学 | 64.49 | C |
| 中国农业大学 | 64.43 | C |
| 重庆大学 | 63.79 | C |

(续表 5-9)

| 学校 | 分值 | 等次 |
| --- | --- | --- |
| 华东师范大学 | 63.59 | C |
| 东北大学 | 62.97 | C |
| 兰州大学 | 62.33 | C |
| 电子科技大学 | 61.37 | C |
| 中国海洋大学 | 60.22 | C |
| 郑州大学 | 59.94 | D |
| 西北农林科技大学 | 59.47 | D |
| 云南大学 | 57.39 | D |
| 新疆大学 | 55.14 | D |
| 中央民族大学 | 55.05 | D |

按分值划分等次，80 分以上为 A 等，70～80 为 B 等，60～70 为 C 等，60 分以下为 D 等，4 所高校的创新性综合值为 A 等，9 所为 B 等，23 所为 C 等，另有 5 所为 D 等。国防科技大学因数据可获取问题没有对其进行评价。结果显示，高校的创新性整体还需要进一步提升。

根据我国"双一流"高校的创新力评价排名结果可知，对于高水平院校而言，其创新力的影响因素可以分为以下方面：

（1）区域经济环境。对于我国"双一流"大学的综合评价不难看出，相近水平下的大学所处的经济环境越好，能够获得的支持也就越多，能够创造的创新成果、吸引的创新人才也就越多。此外，对在校学生而言，经济水平发展越好，市场对人才的接受程度越高，间接使得高校能够吸引更加优秀的生源，为高校的人才培养奠定基础。此外，良好的经济环境能够为大学创造完备的外部条件，助力大学的创新力发展。

（2）科研人力资源规模与政府扶持力度。大学在人才、技术、知识、社会影响等多方面的创新表现都离不开学校的人力资源投入。其中包含研究人员和发展人员，二者的高效利用和分配有利于大学在学术领域以及管理体系上的提升与发展。此外，政府对大学的帮助与扶持能够在很大程度上为大学解决后顾之忧，为它们创造有力的支援和保障，同时形成"政学"合作，在一定程度上有利于高校科研成果的转化，创造科技成果的社会价值。在这一方面，高水平大学具备更加充沛的人才投入，拥有政府和社会的高度关注。

（3）高校的人才培养机制与科研成果的社会认可度。对于高水平院校来说，对创新性学生和高水平科研人才的培养都能直接影响学校的创新表现以及创新发展。大学的首要任务是实现人才培养，因此创新人才培养机制、建设高水平师资团队、改善创新人员管理机制，能够在一定程度上实现校园整体创新活力的提升。大学的在学术、技术领域的创新成果最终将落实到实际的生产过程中，其成果产出的实用性、便利性、高效性等多方面因素直接影响其在社会中的认可程度。高水平的科技成果能够顺利进行成果转化，将科研成果落地。

（4）"产学研"合作程度及科研项目成绩。大学进行创新活动离不开市场需求，高水平院校能够通过重大项目和成果转化实现社会服务职能的同时带来经济效应，进而助力该学校后续的创新活动，形成良性循环。因此，从对我国的高水平大学的创新力分析结果可以发现，大学的创新活力强调成果效益，即以服务社会为目的。

## 本章小结

本章首先介绍 ANP 法的基本理论，从 ANP 网络结构的构建、准则的权重确定、元素间判断矩阵的构建等方面对 ANP 法的基本理论进行介绍。紧接着结合上一章评价体系所选定的影响因素和问卷调查结果，运用 ANP 法确定各级指标权重。利用 ANP 确定指标权重弥补了 AHP 的缺陷，将指标间的相互影响关系考虑其中。最后，根据各指标权重建立模糊评价模型，并使用模型进行案例打分评价。根据专家打分情况对定性指标进行分析得到量化值。在评价对象的选取上，本文考虑到数据的可获取性，同层次高校的可比性，选择以首批一流高校为样本进行评价实践，得到"双一流"大学的创新力排名。根据排名结果可知，对于高水平院校而言，其创新力主要受到区域经济环境、科研人力资源规模与政府扶持力度、高校的人才培养机制与科研成果的社会认可度、"产学研"合作及项目成绩等方面的影响。"双一流"高校只占全国高等院校的少数，行业特色型大学同样具备创新力，并且在实现科技成果转化的过程中，行业特色型高校在推动我国科技经济发展过程中发挥着举足轻重的作用。

# 6 中国大学创新力评价的实证研究

大学创新力就是科学、合理、客观地反映大学在实现并发展各方面职能价值过程中的自身规律与共同特点的科技创新活动能力。高校承担育人、教学、科研、创新、服务等多项职能，从这个角度来看，想要衡量中国高校的创新能力就需要综合考虑多个方面，这其中又主要是以人才培养创新力、科学研究创新力、社会服务创新力、治理体系创新力四个方面为主，本章将主要分析 A 大学、B 大学、C 大学、D 大学在上述四个方面的创新举措并进行实证分析。

## 6.1 云模型的基本理论

近年来，始于 AI 领域的云模型评价方法在各领域得到了广泛应用。相较于其他评价方法，云模型的优势在于可高效地将定量、定性线索信息进行连接，实现相互间的交换，并能够直观地展示对研究对象的评价结果。云模型的首要任务是构建"云"，通常可利用云数字特征值的期望值 $E_x$、熵 $E_n$ 和超熵 $H_e$ 来描述云的形态。云模型的计算过程主要包括：①评价等级的云标尺设计；②最底层的指标群数字特征值的计算；③次底层（上层）指标与整体云数字特征值的确定；④云相似度及隶属度的计算，得到准确的评价等级结果。

### 6.1.1 评价等级的云标尺设计

云数字特征值 $E_x$、$E_n$ 和 $H_e$ 可根据公式（6-1）～公式（6-3）由对应专家的打分结果计算得到。根据云数字特征 $E_x$、$E_n$ 和 $H_e$ 即可绘制出云模型的等级云标尺。

$$E_x = (V_{max} + V_{min})/2 \tag{6-1}$$

$$E_n = (V_{\max} - V_{\min})/6 \quad (6-2)$$

$$H_e = k \quad (6-3)$$

式中的 $V_{\max}$ 是评分区间的上限，同理 $V_{\min}$ 是评分区间的下限；公式（6-3）中的 $k$ 为常数，可取经验值为 $k = 0.1$。

### 6.1.2 最底层的指标群数字特征值的计算

（1）最底层的指标的期望值可按照公式（6-4）进行计算：

$$E_x = \overline{X} = \frac{1}{n}\sum_{i=1}^{n} x_i \quad (6-4)$$

式中，$x_i$ 是专家组的第 $i$ 个专家的打分数值，$E_x$ 是研究样本的期望。

（2）根据公式（6-5）计算最低层指标的数据方差：

$$S^2 = \frac{1}{n-1}\sum_{i=1}^{n}(x_i - \overline{X})^2 \quad (6-5)$$

式中，$S^2$ 即为最底层指标的方差值。

（3）根据上述结果，按照公式（6-6）计算确定最低层指标云的熵值：

$$E_n = \sqrt{\frac{\pi}{2}} \times \frac{1}{n}\sum_{i=1}^{n} |x_i - E_x| \quad (6-6)$$

此时 $E_n$ 即为所需求的云的熵值。

（4）根据公式（6-7）确定底层指标云的超熵 $H_e$：

$$H_e = \sqrt{|S^2 - E_n^2|} \quad (6-7)$$

### 6.1.3 次底层（上层）指标与整体云数字特征值的确定

根据前几个步骤确定的最底层指标的对应云数字特征值，可利用公式（6-8）~公式（6-10）来计算次底层，即二级和一级指标的云数字特征值，并根据计算结果得到研究对象的总体云数字特征值。

随后可根据各个特征值来绘制出研究对象的评价云图，将得到的评价对象的云图与标准云图做比对，即可得到所需的打分等级与评价结果。

$$E_x = \frac{W_1}{W_1 + W_2 + \cdots + W_n} E_{x_1} + \cdots + \frac{W_n}{W_1 + W_2 + \cdots + W_n} E_{x_n} \quad (6-8)$$

$$E_n = \frac{W_1^2}{W_1^2 + W_2^2 + \cdots + W_n^2} E_{n_1} + \cdots + \frac{W_n^2}{W_1^2 + W_2^2 + \cdots + W_n^2} E_{n_n} \quad (6-9)$$

$$H_e = \frac{W_1^2}{W_1^2 + W_2^2 + \cdots + W_n^2} H_{e_1} + \cdots + \frac{W_n^2}{W_1^2 + W_2^2 + \cdots + W_n^2} H_{e_n} \quad (6-10)$$

### 6.1.4 云相似度及隶属度的计算，得到准确的评价等级结果

根据得到的云模型可以对研究对象进行整体的分析，并得到大体的一个评价结果。但是想要得到更加精细的评价结果就需要引入新的数学概念：相似度与隶属度。根据前人的研究结果可知，对于不同的云模型其相似度的计算是不同的。当具有两个评价云模型 $V_1$ 与 $V_2$，二者的数字特征值为 $V_1$ ($E_{x_1}$，$E_{n_1}$，$H_{e_1}$) 以及 $V_2$ ($E_{x_2}$，$E_{n_2}$，$H_{e_2}$)，根据公式 (6-11) 计算两个云之间的相似度 $V$ ($V_1$，$V_2$)：

$$V(V_1, V_2) = \frac{1}{2} + \frac{1}{2\mu} - \mu \quad (6-11)$$

公式 (6-11) 中的 $\mu$ 可通过公式 (6-12) 计算得到的：

$$\mu = \int_{-\infty}^{\beta} \frac{1}{\sqrt{2\pi}} \exp\left(-\frac{t^2}{2}\right) dt \quad (6-12)$$

公式 (6-12) 中的 $\beta$ 可按照公式 (6-13) 计算可得：

$$\beta = \frac{|E_{x_2} - E_{x_1}|}{\sqrt{E_{n_1}^2 + H_{e_1}^2} + \sqrt{E_{n_2}^2 + H_{e_2}^2}} \quad (6-13)$$

研究对象的云模型的隶属度是将对应的相似度进行归一化后的结果，其计算过程如公式 (6-14) 所示：

$$p_i = \frac{V(V_i, V_j)}{\sum V(V_i, V_j)} \quad (6-14)$$

根据所得到的隶属度即可得按照最大隶属度的原则得到研究对象的最终等级评价结果。

## 6.2 基于云模型的中国大学创新力评价实践——以 A 大学为例

### 6.2.1 A 大学创新力发展特点与现状

A 大学是国家"985 工程"和"211 工程"重点建设大学之一,是一所以工科为特色、多学科协调发展的综合性大学。"工科"是通过创新活动把科学原理转化为技术、产业,以工科为主,为创新创业人才的培养奠定了坚实的技术基础;而多学科协调发展相互促进则产生了一批交叉研究领域,推动了创新思维的产生。经济管理及人文社科等专业为培养既懂技术又懂经营管理的创业人才提供了条件。在"2021 年中国大学改革创新指数发布会暨研讨会"上,发布了"2021 年中国大学改革创新指数"及人才培养改革、科研改革、开放办学、改革成效的四个分指数,A 大学位于江苏省第一,全国第 7,体现出学校在深化改革、创新发展方面的成效。

在技术创新层面,A 大学 2017 年入选世界一流大学建设 A 类高校名单,学校坚持产学研结合,近年来,参与了"探月计划"、"三峡工程"、"500 米口径射电望远镜"、北京副中心、港珠澳大桥、高铁技术、南极科考、南海造岛、无线充电等国家重大工程。截至目前,已组建了 60 余家拥有核心技术、具有自主创新能力、可持续发展潜力和规范运营的高科技企业。

在制度体系创新方面,A 大学鼓励原始创新,用实际行动履行"以科学名世,以人才报国"的责任和使命,高水平的论文和发明专利拥有量稳定上升。A 大学十分注重基础研究,大力引导鼓励科技人员产出高水平论文和原创性专利成果,坚持创新发展,培育产出重大科技成果,围绕行业需求,服务公共社会,集中优势力量,攻克产业核心技术和关键技术,为行业和区域经济社会发展做出了应有的贡献。

在创新平台建设方面,A 大学于 1999 年成立国家大学科技园,是科技部、教育部 15 家试点和 22 家首批授牌的国家大学科技园之一。A 大学科技园积极与地方政府合作共建,建有南京玄武、栖霞、高新、江宁、下关和苏州、扬州及昆山园区,在园企业 500 余家,其中高新技术企业 70 余家,已孵化培育 1 000 余家科技型企业。A 大学科技园不断完善双创生态链,孵化培育成效卓著,荣获国家中小企业公共服务示范平台、中国技术创业协会科技创业贡献奖、江苏省大众创业万众创新示范基地、江苏省综合孵化器十强单位、江苏省创业孵化服务绩效示范单位等荣誉资质，连续五年获评江苏省科技企业孵化器绩效评价优秀（A类）。

在提升科研工作人员创新内驱力方面，A大学鼓励原始创新，大力引导鼓励科技人员产出高水平的论文和原创性专利成果，健全体制机制并多渠道统筹安排资金，对创新创业做出贡献的单位和个人进行奖励，让科研工作人员拥有源源不断创新的自驱力。

在人才培养创新机制方面，A大学对标国家战略部署要求，在顺应国家要求的前提下进行人才培养。A大学近年来与横向科技企业合作，进一步提高高校科研成果的横向转化绩效，提高高校科研成果横向转化意识，强化政府在高校科研成果横向转化中的引导作用，加强协同创新中心等研发载体建设，提高发明专利申请质量，紧密围绕未来产业关键核心技术或市场需求做科研，探索建立多元化的新型校企合作关系，建立和完善高校科研成果转化服务机构。A大学一直奋斗在科技强国的路上，其科研成果体现了它的创新力，向世界展示了人才培养的结果，并且为社会的发展做出贡献，各项科研成果助力社会发展。

### 6.2.2 A大学创新力评价云模型构建

#### 6.2.2.1 构建评价等级云标尺

设定差、较差、中等、较好、好五个评价语作为评价等级，邀请专家评分的取值范围在 [0, 10] 分成 5 个取值区间，依次为 [0, 2)、[2, 4)、[4, 6)、[6, 8)、[8, 10]，对应差、较差、中等、较好、好五个评价等级的对应取值范围，再将其转换为云数字特征值，形成各评价等级对应的期望值 $E_x$、熵 $E_n$ 和超熵 $H_e$。在各个评价等级的云数字特征值中，一般令 $H_e = 0.1$。经过上述过程运算，最终得到的计算结果如表6-1所示。

表6-1 各评价等级云数字特征值

| 评价等级 | $E_x$ | $E_n$ | $H_e$ |
| --- | --- | --- | --- |
| 差 | 1 | 0.333 3 | 0.1 |
| 较差 | 3 | 0.333 3 | 0.1 |
| 中等 | 5 | 0.333 3 | 0.1 |
| 较好 | 7 | 0.333 3 | 0.1 |
| 好 | 9 | 0.333 3 | 0.1 |

基于差、较差、中等、较好、好五个评价等级对应的云数字特征值,利用 MATLAB 软件编程并生成五个评价等级的云标尺图,绘制于同一幅图中,结果如下图 6-1 所示。

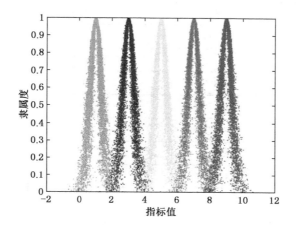

图 6-1 评价等级云标尺图

#### 6.2.2.2 确定三级指标云数字特征值

邀请 17 位专家对 A 大学在培养模式方面的改革创新特色及成效 D1、人才卓越度 D2、学生优异度 D3、人才贡献度 D4 等各三级指标方面的表现进行评分。在获取了 17 位专家基于评分标准对 A 大学在三级指标的表现评分之后,通过云模型计算公式,分别求得培养模式方面的改革创新特色及成效 D1、人才卓越度 D2、学生优异度 D3、人才贡献度 D4 等三级指标的云数字特征值,具体如表 6-2 所示。

表 6-2 各三级指标云数字特征值

| 三级指标 | $E_x$ | $E_n$ | $H_e$ |
| --- | --- | --- | --- |
| D1 | 8.823 5 | 0.876 0 | 0.109 6 |
| D2 | 8.705 9 | 0.815 3 | 0.236 4 |
| D3 | 9.058 8 | 0.555 1 | 0.500 7 |
| D4 | 8.647 1 | 0.867 3 | 0.098 2 |
| D5 | 7.823 5 | 1.144 9 | 0.306 0 |
| D6 | 9.294 1 | 0.728 6 | 0.245 4 |

(续表 6-2)

| 三级指标 | $E_x$ | $E_n$ | $H_e$ |
| --- | --- | --- | --- |
| D7 | 8.705 9 | 1.066 8 | 0.206 3 |
| D8 | 8.823 5 | 0.997 4 | 0.300 8 |
| D9 | 7.941 2 | 1.405 1 | 0.406 8 |
| D10 | 8.882 4 | 1.058 2 | 0.366 6 |
| D11 | 8.823 5 | 0.876 0 | 0.109 6 |
| D12 | 8.470 6 | 1.448 5 | 0.456 5 |
| D13 | 8.176 5 | 1.561 2 | 0.465 8 |
| D14 | 8.352 9 | 1.205 6 | 0.293 0 |
| D15 | 8.235 3 | 1.344 4 | 0.093 8 |
| D16 | 8.705 9 | 1.023 5 | 0.277 3 |
| D17 | 8.647 1 | 1.110 2 | 0.100 5 |
| D18 | 8.411 8 | 1.344 4 | 0.547 7 |

#### 6.2.2.3 确定二级指标评价云

在计算得到三级指标的云数字特征值后，再基于云模型计算公式，依次计算培养模式创新性 C1、人才培养质量 C2、人才培养社会满意度 C3、科研过程创新 C4 等二级指标的云数字特征值，汇总结果如表 6-3 所示。

表 6-3 各二级指标云数字特征值

| 二级指标 | $E_x$ | $E_n$ | $H_e$ |
| --- | --- | --- | --- |
| 培养模式创新性 C1 | 8.823 5 | 0.876 0 | 0.109 6 |
| 人才培养质量 C2 | 8.544 3 | 0.838 9 | 0.333 4 |
| 人才培养社会满意度 C3 | 9.294 1 | 0.728 6 | 0.245 4 |
| 科研过程创新 C4 | 8.705 9 | 1.066 8 | 0.206 3 |
| 科研创新能力 C5 | 8.321 2 | 1.256 8 | 0.368 2 |
| 标志性成果 C6 | 8.846 8 | 0.930 5 | 0.186 4 |
| 服务国家重大事件 C7 | 8.470 6 | 1.448 5 | 0.456 5 |
| 科技成果转化 C8 | 8.264 4 | 1.384 8 | 0.380 1 |

(续表 6-3)

| 二级指标 | $E_x$ | $E_n$ | $H_e$ |
| --- | --- | --- | --- |
| 文化传承与创新 C9 | 8.235 3 | 1.344 4 | 0.093 8 |
| 社会服务机构建设 C10 | 8.705 9 | 1.023 5 | 0.277 3 |
| 治理结构创新 C11 | 8.647 1 | 1.110 2 | 0.100 5 |
| 创新文化氛围 C12 | 8.411 8 | 1.344 4 | 0.547 7 |

基于求得的各个二级层指标的云数字特征值，运用 MATLAB 软件编程生成培养模式创新性 C1、人才培养质量 C2、人才培养社会满意度 C3、科研过程创新 C4 等二级指标的评价云图，在此基础上将其绘制于评价等级云标尺图中，与云标尺图进行对比，结果如下文所示。

1）人才培养创新性方面

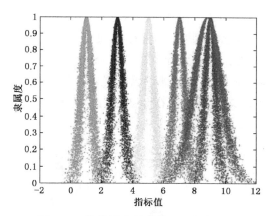

图 6-2　培养模式创新性 C1 评价云图

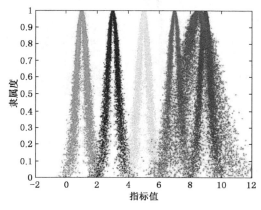

图 6-3　人才培养质量 C2 评价云图

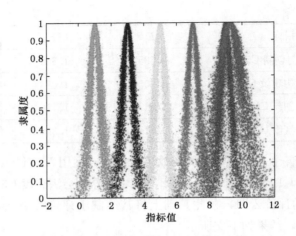

图 6-4　人才培养社会满意度 C3 评价云图

图 6-2 的评价云图显示，培养模式创新性 C1 的云滴主要分布在 7.8 至 10.0 之间，聚集在 8.9 左右，这表明 A 大学在该项表现为好；图 6-3 的评价云图显示，人才培养质量 C2 的云滴主要分布在 7 至 10 之间，聚集在 8.5 左右，这表明 A 大学在该项表现为好；图 6-4 的评价云图显示，人才培养社会满意度 C3 的云滴主要分布在 8.5 至 10 之间，聚集在 9.3 左右，这表明 A 大学在该项表现为好。

2）科学研究创新性方面

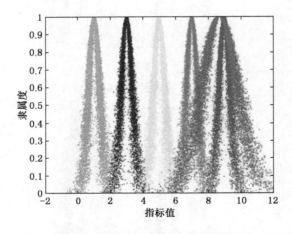

图 6-5　科研过程创新 C4 评价云图

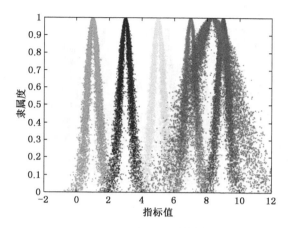

图 6-6  科研创新能力 C5 评价云图

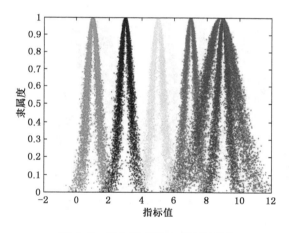

图 6-7  标志性成果 C6 评价云图

图 6-5 的评价云图显示，科研过程创新 C4 的云滴主要分布在 7.4 至 10 之间，聚集在 8.7 左右，这表明 A 大学在该项表现为好；图 6-6 的评价云图显示，科研创新能力 C5 的云滴主要分布在 7.1 至 9.5 之间，聚集在 8.3 左右，这表明 A 大学在该项表现为好；图 6-7 的评价云图显示，标志性成果 C6 的云滴主要分布在 7.6 至 10 之间，聚集在 8.8 左右，这表明 A 大学在该项表现为好。

3）社会服务创新性方面

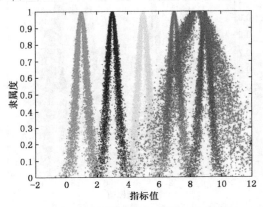

图 6-8　服务国家重大事件 C7 评价云图

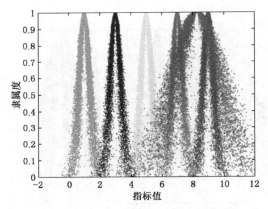

图 6-9　科技成果转化 C8 评价云图

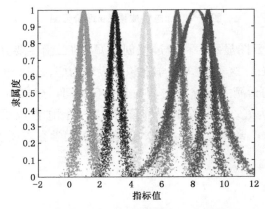

图 6-10　文化传承与创新 C9 评价云图

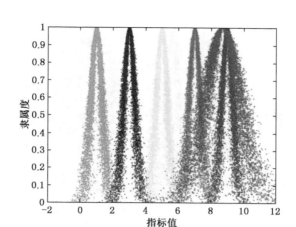

图 6-11 社会服务机构建设 C10 评价云图

图 6-8 的评价云图显示,服务国家重大事件 C7 的云滴主要分布在 7.2 至 9.8 之间,聚集在 8.5 左右,这表明 A 大学在该项表现为好;图 6-9 的评价云图显示,科技成果转化 C8 的云滴主要分布在 7 至 9.6 之间,聚集在 8.3 左右,这表明 A 大学在该项表现为好;图 6-10 的评价云图显示,文化传承与创新 C9 的云滴主要分布在 6.4 至 10 之间,聚集在 8.2 左右,这表明 A 大学在该项表现为好;图 6-11 的评价云图显示,社会服务机构建设 C10 的云滴主要分布在 7.4 至 10 之间,聚集在 8.7 左右,这表明 A 大学在该项表现为好。

4)治理体系创新性方面

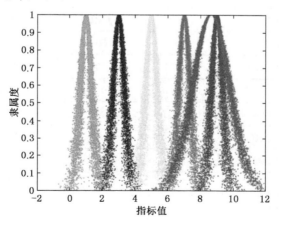

图 6-12 治理结构创新 C11 评价云图

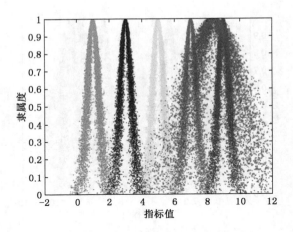

**图 6-13  创新文化氛围 C12 评价云图**

图 6-12 的评价云图显示，治理结构创新 C11 的云滴主要分布在 7.2 至 10 之间，聚集在 8.6 左右，这表明 A 大学在该项表现为好；图 6-13 的评价云图显示，创新文化氛围 C12 的云滴主要分布在 7.3 至 9.5 之间，聚集在 8.4 左右，这表明 A 大学在该项表现为好。

基于相似度计算公式分别计算各二级指标评价云与各评价等级云的相似度，结果如表 6-4 所示。

**表 6-4  各二级指标评价云与各评价等级云相似度**

| 二级指标 | 差 | 较差 | 中等 | 较好 | 好 |
| --- | --- | --- | --- | --- | --- |
| C1 | 0.000 0 | 0.000 0 | 0.001 4 | 0.106 4 | 0.840 7 |
| C2 | 0.000 0 | 0.000 0 | 0.003 5 | 0.169 4 | 0.636 4 |
| C3 | 0.000 0 | 0.000 0 | 0.000 2 | 0.030 2 | 0.724 1 |
| C4 | 0.000 0 | 0.000 0 | 0.007 4 | 0.183 6 | 0.779 1 |
| C5 | 0.000 0 | 0.001 1 | 0.034 2 | 0.347 8 | 0.599 9 |
| C6 | 0.000 0 | 0.000 0 | 0.002 3 | 0.119 0 | 0.867 1 |
| C7 | 0.000 0 | 0.002 6 | 0.047 8 | 0.352 7 | 0.705 9 |
| C8 | 0.000 0 | 0.002 4 | 0.051 0 | 0.396 4 | 0.597 6 |
| C9 | 0.000 0 | 0.001 5 | 0.042 7 | 0.385 1 | 0.567 8 |
| C10 | 0.000 0 | 0.000 0 | 0.006 5 | 0.176 5 | 0.775 4 |

(续表 6-4)

| 二级指标 | 差 | 较差 | 中等 | 较好 | 好 |
|---|---|---|---|---|---|
| C11 | 0.000 0 | 0.000 2 | 0.009 5 | 0.204 9 | 0.744 6 |
| C12 | 0.000 0 | 0.001 1 | 0.033 4 | 0.329 6 | 0.651 1 |

再将各二级指标评价云与各评价等级云相似度进行归一化处理，得到各个评价对象（二级指标）的隶属度，求得结果如表 6-5 所示。

表 6-5 各二级指标隶属度

| 二级指标 | 差 | 较差 | 中等 | 较好 | 好 |
|---|---|---|---|---|---|
| C1 | 0.000 0 | 0.000 0 | 0.001 4 | 0.112 2 | 0.886 4 |
| C2 | 0.000 0 | 0.000 0 | 0.004 3 | 0.209 3 | 0.786 4 |
| C3 | 0.000 0 | 0.000 0 | 0.000 2 | 0.040 0 | 0.959 8 |
| C4 | 0.000 0 | 0.000 0 | 0.007 6 | 0.189 3 | 0.803 2 |
| C5 | 0.000 0 | 0.001 1 | 0.034 8 | 0.353 8 | 0.610 4 |
| C6 | 0.000 0 | 0.000 0 | 0.002 3 | 0.120 4 | 0.877 3 |
| C7 | 0.000 0 | 0.002 3 | 0.043 1 | 0.318 0 | 0.636 6 |
| C8 | 0.000 0 | 0.002 3 | 0.048 7 | 0.378 5 | 0.570 6 |
| C9 | 0.000 0 | 0.001 5 | 0.042 8 | 0.386 2 | 0.569 5 |
| C10 | 0.000 0 | 0.000 0 | 0.006 7 | 0.184 2 | 0.809 1 |
| C11 | 0.000 0 | 0.000 2 | 0.009 9 | 0.213 6 | 0.776 4 |
| C12 | 0.000 0 | 0.001 0 | 0.032 9 | 0.324 7 | 0.641 3 |

按照最大隶属度原则，求得 A 大学在各二级指标方面的评价结果，具体如表 6-6 所示。

表 6-6 各二级指标评价结果

| 二级指标 | 评价结果 |
|---|---|
| 培养模式创新性 C1 | 好 |
| 人才培养质量 C2 | 好 |
| 人才培养社会满意度 C3 | 好 |

(续表 6-6)

| 二级指标 | 评价结果 |
|---|---|
| 科研过程创新 C4 | 好 |
| 科研创新能力 C5 | 好 |
| 标志性成果 C6 | 好 |
| 服务国家重大事件 C7 | 好 |
| 科技成果转化 C8 | 好 |
| 文化传承与创新 C9 | 好 |
| 社会服务机构建设 C10 | 好 |
| 治理结构创新 C11 | 好 |
| 创新文化氛围 C12 | 好 |

#### 6.2.2.4　确定一级指标评价云

在计算得到二级指标的云数字特征值后,再基于云模型计算公式,依次计算人才培养创新性 B1、科学研究创新性 B2、社会服务创新性 B3、治理体系创新性 B4 等一级指标的云数字特征值,汇总结果如下表 6-7 所示。

表 6-7　各一级指标云数字特征值

| 一级指标 | $E_x$ | $E_n$ | $H_e$ |
|---|---|---|---|
| 人才培养创新性 B1 | 8.730 1 | 0.837 1 | 0.300 6 |
| 科学研究创新性 B2 | 8.598 8 | 1.107 2 | 0.276 7 |
| 社会服务创新性 B3 | 8.409 6 | 1.334 9 | 0.337 0 |
| 治理体系创新性 B4 | 8.529 4 | 1.227 3 | 0.324 1 |

基于求得的各个一级指标的云数字特征值,运用 MATLAB 软件编程生成人才培养创新性 B1、科学研究创新性 B2、社会服务创新性 B3、治理体系创新性 B4 等一级指标的评价云图,在此基础上将其绘制于评价等级云标尺图中,与云标尺图进行对比,结果如图 6-14～图 6-17 所示。

6 中国大学创新力评价的实证研究

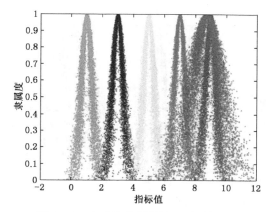

图 6-14 人才培养创新性 B1 评价云图

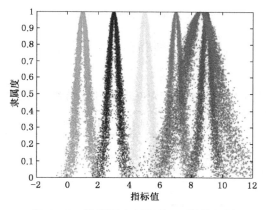

图 6-15 科学研究创新性 B2 评价云图

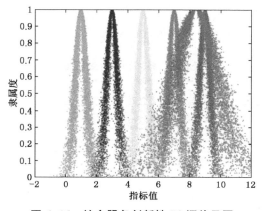

图 6-16 社会服务创新性 B3 评价云图

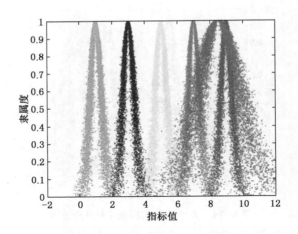

图 6-17 治理体系创新性 B4 评价云图

基于相似度计算公式计算各一级指标评价云与各评价等级云相似度,结果如下。

表 6-8 各一级指标评价云与各评价等级云相似度

| 一级指标 | 差 | 较差 | 中等 | 较好 | 好 |
| --- | --- | --- | --- | --- | --- |
| B1 | 0.000 0 | 0.000 0 | 0.002 0 | 0.125 1 | 0.766 5 |
| B2 | 0.000 0 | 0.000 2 | 0.011 7 | 0.223 9 | 0.718 6 |
| B3 | 0.000 0 | 0.001 4 | 0.036 3 | 0.337 3 | 0.654 6 |
| B4 | 0.000 0 | 0.000 5 | 0.021 9 | 0.276 2 | 0.699 2 |

再将各一级指标评价云与各评价等级云相似度进行归一化处理,得到各个评价对象(一级指标)的隶属度,求得结果如表 6-9 所示。

表 6-9 各一级指标隶属度

| 二级指标 | 差 | 较差 | 中等 | 较好 | 好 |
| --- | --- | --- | --- | --- | --- |
| B1 | 0.000 0 | 0.000 0 | 0.002 2 | 0.140 0 | 0.857 8 |
| B2 | 0.000 0 | 0.000 2 | 0.012 3 | 0.234 6 | 0.752 9 |
| B3 | 0.000 0 | 0.001 3 | 0.035 3 | 0.327 6 | 0.635 8 |
| B4 | 0.000 0 | 0.000 5 | 0.021 9 | 0.276 9 | 0.700 8 |

按照最大隶属度原则,求得 A 大学在各一级指标方面的评价结果,具体如

表 6-10 所示。

表 6-10　各一级指标评价结果

| 一级指标 | 评价结果 |
| --- | --- |
| 人才培养创新性 B1 | 好 |
| 科学研究创新性 B2 | 好 |
| 社会服务创新性 B3 | 好 |
| 治理体系创新性 B4 | 好 |

#### 6.2.2.5　确定整体评价云

基于一级指标云数字特征值，计算得 A 大学创新性整体的云数字特征值，得到 $E_x=8.5989, E_n=1.0449, H_e=0.2934$，再运用 MATLAB 软件编程生成 A 大学创新性整体的评价云图，并绘制于评价等级云标尺图中，与云标尺图进行对比，结果如图 6-18 所示。

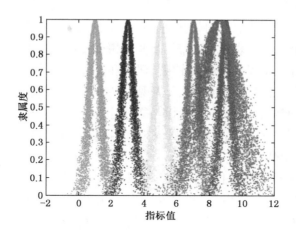

图 6-18　A 大学创新性整体评价云图

基于相似度计算公式分别计算整体评价云与各评价等级云的相似度，结果如表 6-11 所示。

表 6-11　整体评价云与各评价等级云相似度

| — | 差 | 较差 | 中等 | 较好 | 好 |
| --- | --- | --- | --- | --- | --- |
| 整体 | 0.000 0 | 0.000 0 | 0.009 0 | 0.208 5 | 0.709 2 |

再将整体评价云与各评价等级云相似度进行归一化处理，得到评价对象（整体）的隶属度，求得结果如表 6-12 所示。

表 6-12  整体隶属度

| — | 差 | 较差 | 中等 | 较好 | 好 |
|---|---|---|---|---|---|
| 整体 | 0.000 0 | 0.000 0 | 0.009 7 | 0.225 0 | 0.765 3 |

按照最大隶属度原则，求得 A 大学创新性整体评价为"好"。

### 6.2.3  A 大学创新力评价结果分析

本节以 A 大学为研究对象，利用 ANP-云模型作为中国大学创新能力评价的研究工具，将前文所得评价体系进行实际应用并得到相应评价结果。

整体来看，求得 A 大学整体创新能力表现为"好"。具体来看，A 大学由于其突出的办学优势以及针对性的培养方向，充分发挥理工科强校的优势，采用科学完整的人才培养理念，因此在人才培养创新性的评价为"好"与实际情况相符。学校注重基础研究，引导和鼓励科研人员产出创新成果，不断完善学校科技政策体系，激发科研工作者的科研热情，促进学校的创新成果产出。因此 A 大学在"科学研究创新性"上表现为"好"与实际情况相符。学校积极创建创新平台，并与地方政府合作，发挥示范带头作用，建立和完善高校科研成果转化服务机构，服务公共社会，其"社会服务创新性"表现为"好"与实际情况相符。A 大学多措并施，加快重点创新项目建设，鼓励师生参与创新，实行多项优惠政策，源源不断地向社会输送人才，向社会展示科研成果，因此其"治理体制创新性"表现为"好"与实际情况相符。

在对三级指标得分进行仔细分析后可以看出，虽然 A 大学各指标的综合评价为"好"，但其在国际吸引度和社会科学研究这两项的得分相比较同级别其他指标得分较低。社会科学研究相比较其他指标存在短板，这符合 A 大学作为一所理工科院校的现实发展状况。国际吸引度这一指标同比得分较低在本书研究的四个大学评价结果中普遍存在。这一评价结果显示我国高等教育虽在个别领域影响力较强，但仍存在国际影响力实质相对较弱，不足以吸引外域主流学界自发重视的情况。美国学者阿特巴赫在 1993 年指出，中国的高等教育是"巨大的边缘"，在 2009 年他仍然认为中国还不是高等教育强国，2018 年他强调中国有一些顶尖大学，不再是边缘，但并非"100％具有与世界真正顶尖大学同等的竞争力"。如何提高国际吸引度是中国大学提升创新力和国际竞争力普遍面临的难题。

我国有上千所高校,但接受外国留学生的高校只约占 1/3。这不得不说与我们的国际宣传力度不够直接相关。近几年来,我国在许多国家举办的"留学中国教育展"则是一种很好的高等教育国际交流模式。通过教育展,一方面可以让世界各国人民更加广泛深入地了解中国的教育制度、中国的大学、中国接受留学生的情况等;另一方面,我们也可以获取外国人留学中国的意向和知晓我们在接受和培养外国留学生工作中存在的问题。同时,建立高素质的留学生师资队伍、建设高素质的管理团队、设计高质量的培养方式等也需要得到国内各高校的重视。

## 6.3 基于云模型的中国大学创新力评价实践——以 B 大学为例

### 6.3.1 B 大学创新力发展特点与现状

B 大学是以理工类为主的一所部属 211 高校,其主动适应国家重大战略需求和经济社会发展,进一步巩固国防特色,聚焦"强军""打赢",瞄准"智能化、网络化、协同化、实用化"的发展方向,形成了兵器与装备、电子与信息、化工与材料三大优势学科群,紧抓"创新驱动"这一主线,完成实现"顶天立地"科技创新能力。"十三五"期间,学校获得省部级及以上科技奖励 150 项(不含人文社科),其中国家级科技奖励 17 项,包括国家最高科学技术奖 1 项。

在制度体系创新方面,B 大学完善内部治理结构,优化工作流程,提高管理效能。完善学术权力运行体系,赋予学科带头人资源管理与人员考核的管理权力,明确学校学术委员会权力清单。健全以学科为牵引的资源配置机制,按照学科建设目标配置人才、平台等资源和政策保障,推进学校数据中心建设。汇聚校内外资源,重点突破知识产权利益共享机制,切实提升协同创新能力。

在创新平台建设方面,B 大学于 2001 年成立国家大学科技园,形成了由校园、创新园、服务园和产业园等"四园合一"的整体优势;构建了主体集成、功能集成、资源集成、体系集成和机制集成的系统集成优势;突出了重点发展军转民与军民两用高新技术的科技优势;强化了知识产权战略为园区建设与发展保驾护航的支撑优势。目前已有 120 家高科技企业相继落户园区,有 3 项科技成果荣获 2020 年度国家科学技术奖。

在人才培养创新机制方面,B 大学加强校企合作,探索产教有效融合的模式,推进学术成果、加快技术创新成果落地,以"项目工程化-产品孵化-高成长性企业培育"为核心,优先选择一批高成熟度、产业化前景好的高新技术科技成果,对其进行精心培育和精准转化。

## 6.3.2 B大学创新力评价云模型构建

### 6.3.2.1 构建评价等级云标尺

设定差、较差、中等、较好、好五个评价语作为评价等级,邀请专家评分的取值范围在[0,10]分成5个取值区间,依次为[0,2)、[2,4)、[4,6)、[6,8)、[8,10],对应差、较差、中等、较好、好等五个评价等级的对应取值范围,再将其转换为云数字特征值,形成各评价等级对应的期望值$E_x$、熵$E_n$和超熵$H_e$。在各个评价等级的云数字特征值中,一般令$H_e = 0.1$。经过上述过程运算,最终得到的计算结果如下表6-13所示。

表6-13 各评价等级云数字特征值

| 评价等级 | $E_x$ | $E_n$ | $H_e$ |
| --- | --- | --- | --- |
| 差 | 1 | 0.333 3 | 0.1 |
| 较差 | 3 | 0.333 3 | 0.1 |
| 中等 | 5 | 0.333 3 | 0.1 |
| 较好 | 7 | 0.333 3 | 0.1 |
| 好 | 9 | 0.333 3 | 0.1 |

基于差、较差、中等、较好、好五个评价等级对应的云数字特征值,利用MATLAB软件编程并生成五个评价等级的云标尺图,绘制于同一幅图中,结果如图6-19所示。

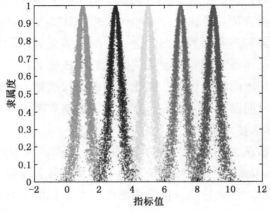

图6-19 评价等级云标尺图

### 6.3.2.2 确定三级指标云数字特征值

邀请17位专家对B大学在培养模式方面的改革创新特色及成效D1、人才卓越度D2、学生优异度D3、人才贡献度D4等各三级指标方面的表现进行评分。在获取了17位专家基于评分标准对B大学在三级指标的表现评分之后,通过云模型计算公式,分别求得培养模式方面的改革创新特色及成效D1、人才卓越度D2、学生优异度D3、人才贡献度D4等三级指标的云数字特征值,具体如表6-14所示。

表6-14 各三级指标云数字特征值

| 三级指标 | $E_x$ | $E_n$ | $H_e$ |
| --- | --- | --- | --- |
| D1 | 7.058 8 | 1.127 5 | 0.403 1 |
| D2 | 6.882 4 | 1.665 3 | 0.580 6 |
| D3 | 7.529 4 | 1.214 3 | 0.538 7 |
| D4 | 7.529 4 | 1.075 5 | 0.130 4 |
| D5 | 6.352 9 | 2.090 3 | 0.501 7 |
| D6 | 7.941 2 | 0.841 3 | 0.475 4 |
| D7 | 7.529 4 | 1.136 2 | 0.389 0 |
| D8 | 8.058 8 | 1.396 4 | 0.625 4 |
| D9 | 6.588 2 | 1.431 1 | 0.201 9 |
| D10 | 7.588 2 | 1.136 2 | 0.183 4 |
| D11 | 7.647 1 | 0.962 8 | 0.256 4 |
| D12 | 7.470 6 | 1.370 4 | 0.336 6 |
| D13 | 7.235 3 | 1.379 1 | 0.459 0 |
| D14 | 6.588 2 | 1.726 0 | 0.470 9 |
| D15 | 7.058 8 | 1.691 3 | 0.568 5 |
| D16 | 7.117 6 | 1.613 3 | 0.492 3 |
| D17 | 7.294 1 | 1.275 0 | 0.393 7 |
| D18 | 7.588 2 | 1.431 1 | 0.201 9 |

### 6.3.2.3 确定二级指标评价云

在计算得到三级指标的云数字特征值后,再基于云模型计算公式,依次计算培养模式创新性C1、人才培养质量C2、人才培养社会满意度C3、科研过程创新

C4 等二级指标的云数字特征值，汇总结果如表 6-15 所示。

表 6-15　各二级指标云数字特征值

| 二级指标 | $E_x$ | $E_n$ | $H_e$ |
|---|---|---|---|
| 培养模式创新性 C1 | 7.058 8 | 1.127 5 | 0.403 1 |
| 人才培养质量 C2 | 6.979 1 | 1.638 5 | 0.528 6 |
| 人才培养社会满意度 C3 | 7.941 2 | 0.841 3 | 0.475 4 |
| 科研过程创新 C4 | 7.529 4 | 1.136 2 | 0.389 0 |
| 科研创新能力 C5 | 7.221 5 | 1.418 5 | 0.356 0 |
| 标志性成果 C6 | 7.623 8 | 1.014 6 | 0.234 6 |
| 服务国家重大事件 C7 | 7.470 6 | 1.370 4 | 0.336 6 |
| 科技成果转化 C8 | 6.913 0 | 1.551 2 | 0.464 9 |
| 文化传承与创新 C9 | 7.058 8 | 1.691 3 | 0.568 5 |
| 社会服务机构建设 C10 | 7.117 6 | 1.613 3 | 0.492 3 |
| 治理结构创新 C11 | 7.294 1 | 1.275 0 | 0.393 7 |
| 创新文化氛围 C12 | 7.588 2 | 1.431 1 | 0.201 9 |

基于求得的各个二级指标的云数字特征值，运用 MATLAB 软件编程生成培养模式创新性 C1、人才培养质量 C2、人才培养社会满意度 C3、科研过程创新 C4 等二级指标的评价云图，在此基础上将其绘制于评价等级云标尺图中，与云标尺图进行对比，结果图 6-20～图 6-22 所示。

1）人才培养创新性方面

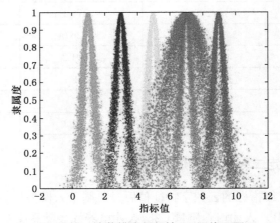

图 6-20　培养模式创新性 C1 评价云图

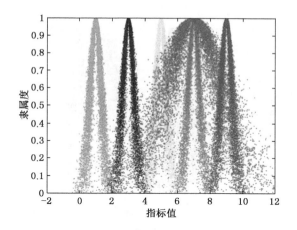

图 6-21 人才培养质量 C2 评价云图

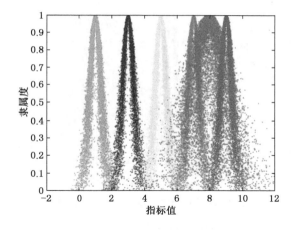

图 6-22 人才培养社会满意度 C3 评价云图

图 6-20 的评价云图显示，培养模式创新性 C1 的云滴主要分布在 6.1~8.1 之间，聚集在 7.1 左右，这表明 B 大学在该项表现较好；图 6-21 的评价云图显示，人才培养质量 C2 的云滴主要分布在 5~9 之间，聚集在 7 左右，这表明 B 大学在该项表现较好；图 6-22 的评价云图显示，人才培养社会满意度 C3 的云滴主要分布在 6.9~8.9 之间，聚集在 7.9 左右，这表明 B 大学在该项表现较好。

2）科学研究创新性方面

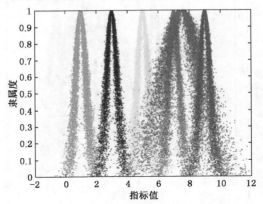

图 6-23　科研过程创新 C4 评价云图

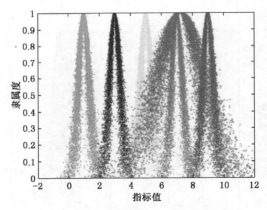

图 6-24　科研创新能力 C5 评价云图

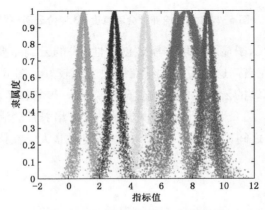

图 6-25　标志性成果 C6 评价云图

图 6-23 的评价云图显示,科研过程创新 C4 的云滴主要分布在 6~9 之间,聚集在 7.5 左右,这表明 B 大学在该项表现较好;图 6-24 的评价云图显示,科研创新能力 C5 的云滴主要分布在 6.2~8.2 之间,聚集在 7.2 左右,这表明 B 大学在该项表现较好;图 6-25 的评价云图显示,标志性成果 C6 的云滴主要分布在 6.6~8.6 之间,聚集在 7.6 左右,这表明 B 大学在该项表现较好。

3)社会服务创新性方面

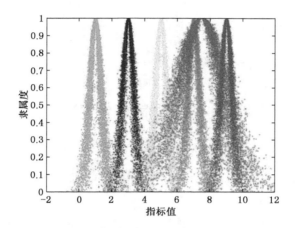

图 6-26 服务国家重大事件 C7 评价云图

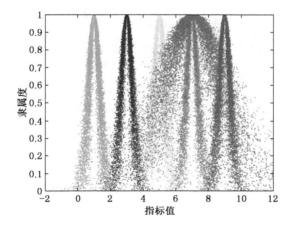

图 6-27 科技成果转化 C8 评价云图

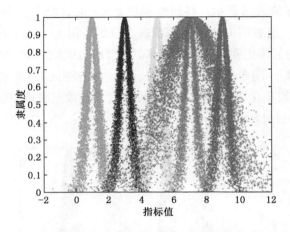

图 6-28　文化传承与创新 C9 评价云图

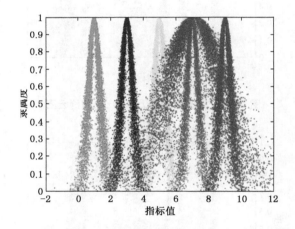

图 6-29　社会服务机构建设 C10 评价云图

图 6-26 的评价云图显示，服务国家重大事件 C7 的云滴主要分布在 6～9 之间，聚集在 7.5 左右，这表明 B 大学在该项表现较好；图 6-27 的评价云图显示，科技成果转化 C8 的云滴主要分布在 5～8.8 之间，聚集在 6.9 左右，这表明 B 大学在该项表现较好；图 6-28 的评价云图显示，文化传承与创新 C9 的云滴主要分布在 5.1～9.1 之间，聚集在 7.1 左右，这表明 B 大学在该项表现较好；图 6-29 的评价云图显示，社会服务机构建设 C10 的云滴主要分布在 5.5～8.7 之间，聚集在 7.1 左右，这表明 B 大学在该项表现较好。

4）治理体系创新性方面

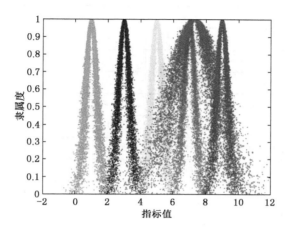

图 6-30　治理结构创新 C11 评价云图

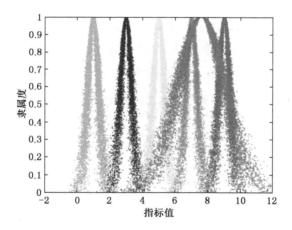

图 6-31　创新文化氛围 C12 评价云图

图 6-30 的评价云图显示，治理结构创新 C11 的云滴主要分布在 5.1~9.5 之间，聚集在 7.3 左右，这表明 B 大学在该项表现较好；图 6-31 的评价云图显示，创新文化氛围 C12 的云滴主要分布在 5.4~9.8 之间，聚集在 7.6 左右，这表明 B 大学在该项表现较好。

基于相似度计算公式分别计算各二级指标评价云与各评价等级云的相似度，结果如表 6-16 所示。

表 6-16　各二级指标评价云与各评价等级云相似度

| 二级指标 | 差 | 较差 | 中等 | 较好 | 好 |
| --- | --- | --- | --- | --- | --- |
| C1 | 0.000 0 | 0.006 5 | 0.141 7 | 0.955 3 | 0.162 8 |
| C2 | 0.002 9 | 0.041 3 | 0.271 5 | 0.988 1 | 0.262 8 |
| C3 | 0.000 0 | 0.000 2 | 0.019 0 | 0.392 3 | 0.325 4 |
| C4 | 0.000 0 | 0.002 6 | 0.078 2 | 0.655 3 | 0.274 5 |
| C5 | 0.000 5 | 0.014 9 | 0.171 6 | 0.862 5 | 0.271 2 |
| C6 | 0.000 0 | 0.000 6 | 0.044 7 | 0.569 3 | 0.256 9 |
| C7 | 0.000 2 | 0.008 3 | 0.123 6 | 0.720 3 | 0.311 3 |
| C8 | 0.002 0 | 0.035 4 | 0.264 5 | 0.948 4 | 0.228 8 |
| C9 | 0.003 3 | 0.043 2 | 0.267 4 | 0.967 5 | 0.292 0 |
| C10 | 0.002 0 | 0.032 5 | 0.236 5 | 0.907 6 | 0.285 2 |
| C11 | 0.000 2 | 0.008 0 | 0.133 5 | 0.808 7 | 0.247 2 |
| C12 | 0.000 3 | 0.009 2 | 0.121 7 | 0.672 9 | 0.361 9 |

再将各二级指标评价云与各评价等级云相似度进行归一化处理，得到各个评价对象（二级指标）的隶属度，求得结果如表 6-17 所示。

表 6-17　各二级指标隶属度

| 二级指标 | 差 | 较差 | 中等 | 较好 | 好 |
| --- | --- | --- | --- | --- | --- |
| C1 | 0.000 0 | 0.005 1 | 0.111 9 | 0.754 4 | 0.128 6 |
| C2 | 0.001 8 | 0.026 4 | 0.173 3 | 0.630 7 | 0.167 7 |
| C3 | 0.000 0 | 0.000 2 | 0.025 8 | 0.532 5 | 0.441 6 |
| C4 | 0.000 0 | 0.002 5 | 0.077 4 | 0.648 5 | 0.271 6 |
| C5 | 0.000 3 | 0.011 3 | 0.130 0 | 0.653 1 | 0.205 3 |
| C6 | 0.000 0 | 0.000 7 | 0.051 3 | 0.653 2 | 0.294 8 |
| C7 | 0.000 1 | 0.007 1 | 0.106 2 | 0.619 0 | 0.267 6 |
| C8 | 0.001 3 | 0.023 9 | 0.178 8 | 0.641 3 | 0.154 7 |
| C9 | 0.002 1 | 0.027 4 | 0.170 0 | 0.614 9 | 0.185 6 |
| C10 | 0.001 3 | 0.022 2 | 0.161 6 | 0.620 0 | 0.194 9 |
| C11 | 0.000 1 | 0.006 7 | 0.111 5 | 0.675 3 | 0.206 4 |
| C12 | 0.000 3 | 0.007 9 | 0.104 4 | 0.577 1 | 0.310 4 |

按照最大隶属度原则，求得 B 大学在各二级指标方面的评价结果，具体如表 6-18 所示。

表 6-18  各二级指标评价结果

| 二级指标 | 评价结果 |
| --- | --- |
| 培养模式创新性 C1 | 较好 |
| 人才培养质量 C2 | 较好 |
| 人才培养社会满意度 C3 | 较好 |
| 科研过程创新 C4 | 较好 |
| 科研创新能力 C5 | 较好 |
| 标志性成果 C6 | 较好 |
| 服务国家重大事件 C7 | 较好 |
| 科技成果转化 C8 | 较好 |
| 文化传承与创新 C9 | 较好 |
| 社会服务机构建设 C10 | 较好 |
| 治理结构创新 C11 | 较好 |
| 创新文化氛围 C12 | 较好 |

#### 6.3.2.4  确定一级指标评价云

在计算得到二级指标的云数字特征值后，再基于云模型计算公式，依次计算人才培养创新性 B1、科学研究创新性 B2、社会服务创新性 B3、治理体系创新性 B4 等一级指标的云数字特征值，汇总结果如表 6-19 所示。

表 6-19  各一级指标云数字特征值

| 一级指标 | $E_x$ | $E_n$ | $H_e$ |
| --- | --- | --- | --- |
| 人才培养创新性 B1 | 7.151 9 | 1.529 4 | 0.510 0 |
| 科学研究创新性 B2 | 7.437 1 | 1.226 5 | 0.315 6 |
| 社会服务创新性 B3 | 7.143 8 | 1.530 0 | 0.447 7 |
| 治理体系创新性 B4 | 7.441 2 | 1.353 1 | 0.297 8 |

基于求得的各个一级层指标的云数字特征值，运用 MATLAB 软件编程生成人才培养创新性 B1、科学研究创新性 B2、社会服务创新性 B3、治理体系创新性 B4 等一级指标的评价云图，在此基础上将其绘制于评价等级云标尺图中，与云

标尺图进行对比，结果如图 6-32～图 6-35 所示。

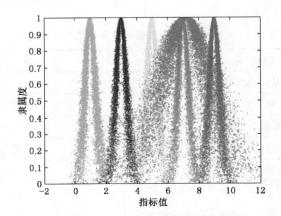

图 6-32　人才培养创新性 B1 评价云图

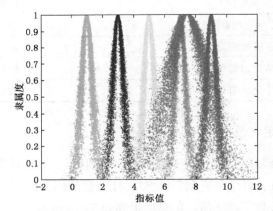

图 6-33　科学研究创新性 B2 评价云图

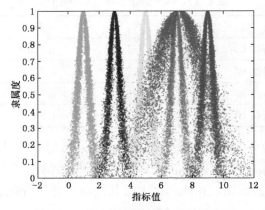

图 6-34　社会服务创新性 B3 评价云图

# 6 中国大学创新力评价的实证研究

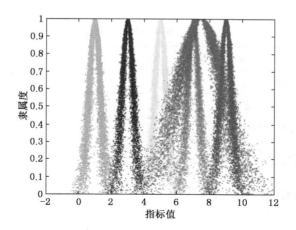

图 6-35　治理体系创新性 B4 评价云图

基于相似度计算公式计算各一级指标评价云与各评价等级云相似度，结果如表 6-20 所示。

表 6-20　各一级指标评价云与各评价等级云相似度

| 一级指标 | 差 | 较差 | 中等 | 较好 | 好 |
| --- | --- | --- | --- | --- | --- |
| B1 | 0.001 2 | 0.025 8 | 0.214 9 | 0.910 9 | 0.277 4 |
| B2 | 0.000 0 | 0.004 5 | 0.100 7 | 0.717 4 | 0.266 4 |
| B3 | 0.001 2 | 0.024 7 | 0.212 7 | 0.914 8 | 0.271 7 |
| B4 | 0.000 2 | 0.007 8 | 0.122 7 | 0.732 4 | 0.297 3 |

再将各一级指标评价云与各评价等级云相似度进行归一化处理，得到各个评价对象（一级指标）的隶属度，求得结果如表 6-21 所示。

表 6-21　各一级指标隶属度

| 一级指标 | 差 | 较差 | 中等 | 较好 | 好 |
| --- | --- | --- | --- | --- | --- |
| B1 | 0.000 8 | 0.018 0 | 0.150 2 | 0.636 9 | 0.194 0 |
| B2 | 0.000 0 | 0.004 1 | 0.092 5 | 0.658 8 | 0.244 6 |
| B3 | 0.000 8 | 0.017 4 | 0.149 2 | 0.641 9 | 0.190 7 |
| B4 | 0.000 1 | 0.006 7 | 0.105 7 | 0.631 2 | 0.256 2 |

按照最大隶属度原则，求得 B 大学在各一级指标方面的评价结果，具体如表

6-22 所示。

表 6-22  各一级指标评价结果

| 一级指标 | 评价结果 |
| --- | --- |
| 人才培养创新性 B1 | 较好 |
| 科学研究创新性 B2 | 较好 |
| 社会服务创新性 B3 | 较好 |
| 治理体系创新性 B4 | 较好 |

#### 6.3.2.5 确定整体评价云

基于一级指标云数字特征值，计算 B 大学创新性整体的云数字特征值，得到 $E_x=7.2963$，$E_n=1.3671$，$H_e=0.3943$，再运用 MATLAB 软件编程生成 B 大学创新性整体的评价云图，并绘制于评价等级云标尺图中，与云标尺图进行对比，结果如图 6-36 所示。

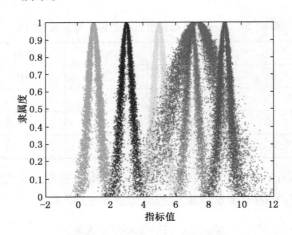

图 6-36  B 大学创新性整体评价云图

基于相似度计算公式分别计算整体评价云与各评价等级云的相似度，结果如表 6-23 所示。

表 6-23  整体评价云与各评价等级云相似度

| — | 差 | 较差 | 中等 | 较好 | 好 |
| --- | --- | --- | --- | --- | --- |
| 整体 | 0.0003 | 0.0114 | 0.1514 | 0.8164 | 0.2690 |

再将整体评价云与各评价等级云相似度进行归一化处理,得到评价对象(整体)的隶属度,求得结果如表6-24所示。

表6-24 整体隶属度

| — | 差 | 较差 | 中等 | 较好 | 好 |
|---|---|---|---|---|---|
| 整体 | 0.000 2 | 0.009 2 | 0.121 2 | 0.653 9 | 0.215 4 |

按照最大隶属度原则,求得B大学创新性整体评价为"较好"。

### 6.3.3 B大学创新力评价结果分析

本节以B大学为研究对象,利用ANP-云模型作为中国大学创新能力评价体系模型的研究工具,将前文所得评价体系进行实际应用并得到相应评价结果。

整体来看,求得B大学整体创新能力表现为"较好"。具体来看,B大学立足于办学实际,以实践促进认知,真正做到"管理育人",通过创新平台为社会培育优秀创新人才,因此B大学在"人才培养创新性"表现较好,与实际情况相符。学校围绕优势学科培养创新团队,不断健全制度,强化创新实践能力培养,因此B大学在"科学研究创新性"上表现较好,与实际情况相符。学校注重科研成果的转化,与企业合作,提高科技成果转化速度,将学校的科研创新成果切实地服务于社会的发展,所以"社会服务创新性"表现较好,与实际情况相符。B大学重视提升创新能力,完善内部治理结构,切实提升协同创新能力,营造良好的内外部文化环境,所以其"治理体制创新性"表现较好,与实际情况相符。

从三级指标的详细分析可以看出,B大学在人才卓越度、国际吸引度、社会科学研究、成果转化这四项指标的得分相比同级指标得分较低。"社会科学研究"指标得分较低符合B大学作为一所理工类大学的现实发展情况。"国际吸引度"指标得分较低是我国大学创新能力建设过程中面临的普遍难题。在此应重点关注类似B大学的我国大学在成果转化问题上的应对策略。高校的科技成果转化离不开知识产权的管理,知识产权的管理除了要配备专门的机构和专业的人员之外,还需结合自身高校的特色学科进行研发,积极探索,锐意进取,注重产权成果的风险防控,积极解决产权管理和成果转化过程中各方面出现的问题并积累经验。同时充分利用好地理资源优势,加强管理,并和政府、企业一起共建研发基地、成果转化基地,由此推动高校的高质量成果的转化。2020年11月24日,国家知识产权局发布了《关于强化知识产权保护的意见》,这是我国新时代知识产权保护工作的纲领性文件，充分体现了国家对产权的重视程度。然而在当下国内高校科技成果转化体系中，仅有产权保护是不完整的，还需结合各大高校特色，探索符合高校科技成果转化的路径，提升高校科技成果转化率，推动高校乃至国家科技创新力的发展。中国高校成果转化有以下三个重点：首先，建立项目前置评估制度，在前序审批中加强对产权管理和成果质量的重视；其次，构建后期职务科技成果披露制度，明晰科技成果产权归属；最后，开发基于生命周期的知识产权管理系统，全面加强对科研项目全过程的产权和转化设置。

## 6.4 基于云模型的中国大学创新力评价实践——以C大学为例

### 6.4.1 C大学创新力发展特点与现状

作为"双一流""211工程"重点大学，C大学在知识科技创新、人才培养上拥有较高水平，先后被Nature Index誉为"全球上升最快的大学"和"内地最具创新力高校"。

C大学在技术创新层面也有自己的建树，在关于2021年度江苏省科学技术奖励的决定中，C大学获得2021年度江苏省科学技术奖13项，其中省基础研究重大贡献奖1项；科学技术项目奖12项，其中一等奖2项、二等奖3项、三等奖7项。C大学以第一完成单位获科学技术项目奖10项，牵头获奖数量在全省高校中排名并列第二，省属高校中排名第一。

在制度体系创新方面，C大学实行创新机制，形成科技创新平台发展特区，以创新为核心，致力于组建高水平科研团队。为了提高科研效率，学校给予重点科技创新平台特别照顾，在人事、财务等条件上设立"特区政策"，尤其是在用人制度和分配制度方面。C大学出台完善的规章制度，包括人才培养与团队建设制度、科学数据及档案管理制度等，定期召开实验室学术委员会会议、发展战略研讨会，开展学术研讨。同时，学校给予发展突出的团队重点支持。近年来通过创新体制，加强了高水平人才队伍的引进、培养，使得科技发展水平总体快速提升，而创新能力的提升也促进了学校整体水平和综合实力的提高。

在创新平台建设方面，C大学国家大学科技园成立于2007年，是C大学开放协同发展、创新资源集成、科技成果转化、创新创业服务和促进地方经济社会发展的重要平台。C大学重视大学生的创业工作，为大学生创业提供导师指导，高效率解决大学生创业难题。

在人才培养创新机制方面，C大学采取"有选择引进＋有计划培养"的策略。"有选择引进"即大力引进高端人才，包括中国科学院院士，建立高水平科研团队以保持研究工作的顺利进行。统计表明，C大学近年来投入约9亿元，引进各类人才900余人。"有计划培养"即努力形成一个顶尖人才能够人尽其才的环境，营造良好科研氛围，推进人才强校进程，创新人才选拔、激励机制，采取"学术大师＋创新团队"模式，发挥顶尖人才的带领作用，组建高水平团队，在引进、培养人才的同时，形成人才队伍，为科技创新发展提供支持。

### 6.4.2 C大学创新力评价云模型构建

#### 6.4.2.1 构建评价等级云标尺

设定差、较差、中等、较好、好等五个评价语作为评价等级，邀请专家评分的取值范围在[0，10]分成5个取值区间，依次为[0，2)、[2，4)、[4，6)、[6，8)、[8，10]，对应差、较差、中等、较好、好五个评价等级的对应取值范围，再将其转换为云数字特征值，形成各评价等级对应的期望值$E_x$、熵$E_n$和超熵$H_e$。在各个评价等级的云数字特征值中，一般令$H_e=0.1$。经过上述过程运算，最终得到的计算结果如表6-25所示。

表6-25　各评价等级云数字特征值

| 评价等级 | $E_x$ | $E_n$ | $H_e$ |
| --- | --- | --- | --- |
| 差 | 1 | 0.333 3 | 0.1 |
| 较差 | 3 | 0.333 3 | 0.1 |
| 中等 | 5 | 0.333 3 | 0.1 |
| 较好 | 7 | 0.333 3 | 0.1 |
| 好 | 9 | 0.333 3 | 0.1 |

基于差、较差、中等、较好、好五个评价等级对应的云数字特征值，利用MATLAB软件编程并生成五个评价等级的云标尺图，绘制于同一幅图中，结果如图6-37所示。

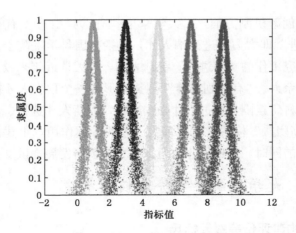

图 6-37 评价等级云标尺图

#### 6.4.2.2 确定三级指标云数字特征值

邀请 17 位专家对 C 大学在培养模式方面的改革创新特色及成效 D1、人才卓越度 D2、学生优异度 D3、人才贡献度 D4 等各三级指标方面的表现进行评分。在获取了 17 位专家基于评分标准对 C 大学在三级指标的表现评分之后,通过云模型计算公式,分别求得培养模式方面的改革创新特色及成效 D1、人才卓越度 D2、学生优异度 D3、人才贡献度 D4 等三级指标的云数字特征值,具体如表 6-26 所示。

表 6-26 各三级指标云数字特征值

| 三级指标 | $E_x$ | $E_n$ | $H_e$ |
| --- | --- | --- | --- |
| D1 | 6.692 3 | 1.186 6 | 0.395 2 |
| D2 | 6.461 5 | 0.904 8 | 0.222 2 |
| D3 | 6.615 4 | 0.786 1 | 0.168 0 |
| D4 | 6.846 2 | 1.364 6 | 0.470 1 |
| D5 | 4.769 2 | 1.275 6 | 0.318 5 |
| D6 | 7.230 8 | 0.934 4 | 0.119 1 |
| D7 | 6.923 1 | 0.889 9 | 0.220 0 |
| D8 | 6.769 2 | 1.275 6 | 0.318 5 |
| D9 | 4.923 1 | 2.625 3 | 1.071 7 |
| D10 | 6.307 7 | 1.705 7 | 0.422 6 |

(续表 6-26)

| 三级指标 | $E_x$ | $E_n$ | $H_e$ |
| --- | --- | --- | --- |
| D11 | 6.153 8 | 1.171 7 | 0.255 5 |
| D12 | 4.153 8 | 0.815 8 | 0.377 1 |
| D13 | 6.692 3 | 1.690 9 | 0.196 0 |
| D14 | 7.230 8 | 1.572 2 | 0.335 9 |
| D15 | 6.307 7 | 1.631 5 | 0.312 7 |
| D16 | 6.384 6 | 1.409 1 | 0.249 7 |
| D17 | 5.615 4 | 1.527 7 | 0.278 4 |
| D18 | 6.230 8 | 1.082 7 | 0.594 4 |

### 6.4.2.3 确定二级指标评价云

在计算得到三级指标的云数字特征值后,再基于云模型计算公式,依次计算培养模式创新性 C1、人才培养质量 C2、人才培养社会满意度 C3、科研过程创新 C4 等二级指标的云数字特征值,汇总结果如表 6-27 所示。

表 6-27　各二级指标云数字特征值

| 二级指标 | $E_x$ | $E_n$ | $H_e$ |
| --- | --- | --- | --- |
| 培养模式创新性 C1 | 6.692 3 | 1.186 6 | 0.395 2 |
| 人才培养质量 C2 | 6.047 0 | 0.997 7 | 0.243 5 |
| 人才培养社会满意度 C3 | 7.230 8 | 0.934 4 | 0.119 1 |
| 科研过程创新 C4 | 6.923 1 | 0.889 9 | 0.220 0 |
| 科研创新能力 C5 | 5.718 1 | 2.134 1 | 0.797 6 |
| 标志性成果 C6 | 6.214 6 | 1.331 4 | 0.305 5 |
| 服务国家重大事件 C7 | 4.153 8 | 0.815 8 | 0.377 1 |
| 科技成果转化 C8 | 6.960 5 | 52.000 0 | 0.265 4 |
| 文化传承与创新 C9 | 6.307 7 | 1.631 5 | 0.312 7 |
| 社会服务机构建设 C10 | 6.384 6 | 1.409 1 | 0.249 7 |
| 治理结构创新 C11 | 5.615 4 | 1.527 7 | 0.278 4 |
| 创新文化氛围 C12 | 6.230 8 | 1.082 7 | 0.594 4 |

基于求得的各个二级层指标的云数字特征值，运用 MATLAB 软件编程生成培养模式创新性 C1、人才培养质量 C2、人才培养社会满意度 C3、科研过程创新 C4 等二级指标的评价云图，在此基础上将其绘制于评价等级云标尺图中，与云标尺图进行对比，结果如图 6-38～图 6-40 所示。

1) 人才培养创新性方面

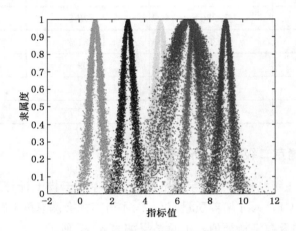

图 6-38　培养模式创新性 C1 评价云图

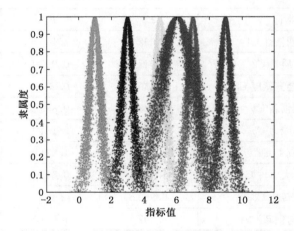

图 6-39　人才培养质量 C2 评价云图

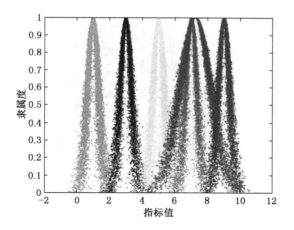

图 6-40 人才培养社会满意度 C3 评价云图

图 6-38 的评价云图显示,培养模式创新性 C1 的云滴主要分布在 4.7～8.7 之间,聚集在 6.7 左右,这表明 C 大学在该项表现较好;图 6-39 的评价云图显示,人才培养质量 C2 的云滴主要分布在 4.8～7 之间,聚集在 5.9 左右,这表明 C 大学在该项表现中等;图 6-40 的评价云图显示,人才培养社会满意度 C3 的云滴主要分布在 5.8～8.6 之间,聚集在 7.2 左右,这表明 C 大学在该项表现较好。

2) 科学研究创新性方面

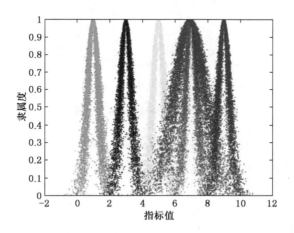

图 6-41 科研过程创新 C4 评价云图

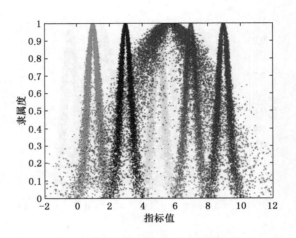

图 6-42 科研创新能力 C5 评价云图

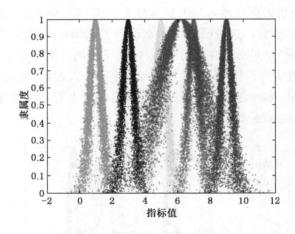

图 6-43 标志性成果 C6 评价云图

图 6-41 的评价云图显示,科研过程创新 C4 的云滴主要分布在 5.4~8.4 之间,聚集在 6.9 左右,这表明 C 大学在该项表现较好;图 6-42 的评价云图显示,科研创新能力 C5 的云滴主要分布在 4.5~6.9 之间,聚集在 5.7 左右,这表明 C 大学在该项表现中等;图 6-43 的评价云图显示,标志性成果 C6 的云滴主要分布在 4.8~7.6 之间,聚集在 6.2 左右,这表明 C 大学在该项表现较好。

3）社会服务创新性方面

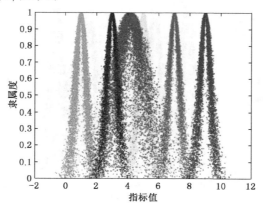

图 6-44　服务国家重大事件 C7 评价云图

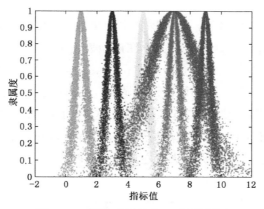

图 6-45　科技成果转化 C8 评价云图

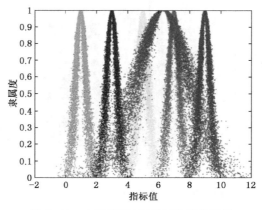

图 6-46　文化传承与创新 C9 评价云图

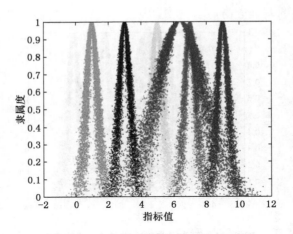

图 6-47　社会服务机构建设 C10 评价云图

图 6-44 的评价云图显示，服务国家重大事件 C7 的云滴主要分布在 3.2~5 之间，聚集在 4.1 左右，这表明 C 大学在该项表现中等；图 6-45 的评价云图显示，科技成果转化 C8 的云滴主要分布在 5~9 之间，聚集在 7 左右，这表明 C 大学在该项表现较好；图 6-46 的评价云图显示，文化传承与创新 C9 的云滴主要分布在 5.1~7.5 之间，聚集在 6.3 左右，这表明 C 大学在该项表现较好；图 6-47 的评价云图显示，社会服务机构建设 C10 的云滴主要分布在 4.2~8.6 之间，聚集在 6.4 左右，这表明 C 大学在该项表现较好。

4）治理体系创新性方面

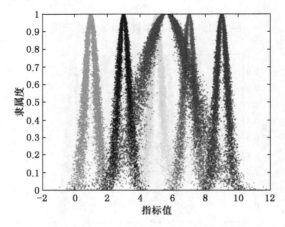

图 6-48　治理结构创新 C11 评价云图

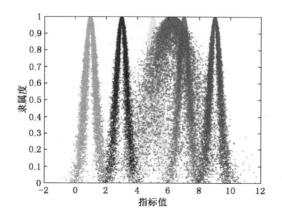

**图 6-49　创新文化氛围 C12 评价云图**

图 6-48 的评价云图显示，治理结构创新 C11 的云滴主要分布在 3.8～7.4 之间，聚集在 5.6 左右，这表明 C 大学在该项表现中等；图 6-49 的评价云图显示，创新文化氛围 C12 的云滴主要分布在 5～7.4 之间，聚集在 6.2 左右，这表明 C 大学在该项表现较好。

基于相似度计算公式分别计算各二级指标评价云与各评价等级云的相似度，结果如表 6-28 所示。

**表 6-28　各二级指标评价云与各评价等级云相似度**

| 二级指标 | 差 | 较差 | 中等 | 较好 | 好 |
| --- | --- | --- | --- | --- | --- |
| C1  | 0.000 3 | 0.000 0 | 0.229 6 | 0.791 3 | 0.114 6 |
| C2  | 0.000 2 | 0.000 0 | 0.366 9 | 0.405 6 | 0.024 0 |
| C3  | 0.000 0 | 0.000 0 | 0.063 8 | 0.804 7 | 0.131 6 |
| C4  | 0.000 0 | 0.000 0 | 0.098 5 | 0.929 4 | 0.076 8 |
| C5  | 0.055 0 | 0.001 1 | 0.715 1 | 0.540 2 | 0.164 8 |
| C6  | 0.001 8 | 0.046 1 | 0.396 6 | 0.562 4 | 0.079 6 |
| C7  | 0.008 6 | 0.285 1 | 0.414 2 | 0.016 9 | 0.000 2 |
| C8  | 0.002 3 | 0.036 1 | 0.261 6 | 0.976 5 | 0.245 2 |
| C9  | 0.006 2 | 0.076 2 | 0.431 1 | 0.652 8 | 0.000 2 |
| C10 | 0.001 8 | 0.043 2 | 0.357 7 | 0.651 7 | 0.108 9 |
| C11 | 0.011 4 | 0.130 5 | 0.675 2 | 0.385 3 | 0.057 0 |
| C12 | 0.000 3 | 0.020 8 | 0.326 1 | 0.514 1 | 0.044 5 |

再将各二级指标评价云与各评价等级云相似度进行归一化处理，得到各个评价对象（二级指标）的隶属度，求得结果如表 6-29 所示。

表 6-29　各二级指标隶属度

| 二级指标 | 差 | 较差 | 中等 | 较好 | 好 |
| --- | --- | --- | --- | --- | --- |
| C1 | 0.000 3 | 0.000 0 | 0.202 2 | 0.696 7 | 0.100 9 |
| C2 | 0.000 2 | 0.000 0 | 0.460 6 | 0.509 1 | 0.030 1 |
| C3 | 0.000 0 | 0.000 0 | 0.063 8 | 0.804 6 | 0.131 6 |
| C4 | 0.000 0 | 0.000 0 | 0.089 2 | 0.841 3 | 0.069 5 |
| C5 | 0.037 2 | 0.000 7 | 0.484 4 | 0.366 0 | 0.111 6 |
| C6 | 0.001 7 | 0.042 4 | 0.365 0 | 0.517 6 | 0.073 3 |
| C7 | 0.011 8 | 0.393 3 | 0.571 4 | 0.023 3 | 0.000 2 |
| C8 | 0.001 5 | 0.023 8 | 0.171 9 | 0.641 7 | 0.161 1 |
| C9 | 0.005 3 | 0.065 3 | 0.369 6 | 0.559 7 | 0.000 1 |
| C10 | 0.001 5 | 0.037 1 | 0.307 5 | 0.560 2 | 0.093 6 |
| C11 | 0.009 1 | 0.103 6 | 0.536 2 | 0.305 9 | 0.045 2 |
| C12 | 0.000 3 | 0.023 0 | 0.360 0 | 0.567 5 | 0.049 2 |

按照最大隶属度原则，求得 C 大学在各二级指标方面的评价结果，具体如表 6-30 所示。

表 6-30　各二级指标评价结果

| 二级指标 | 评价结果 |
| --- | --- |
| 培养模式创新性 C1 | 较好 |
| 人才培养质量 C2 | 较好 |
| 人才培养社会满意度 C3 | 较好 |
| 科研过程创新 C4 | 较好 |
| 科研创新能力 C5 | 中等 |
| 标志性成果 C6 | 较好 |
| 服务国家重大事件 C7 | 中等 |
| 科技成果转化 C8 | 较好 |

(续表 6-30)

| 二级指标 | 评价结果 |
|---|---|
| 文化传承与创新 C9 | 较好 |
| 社会服务机构建设 C10 | 较好 |
| 治理结构创新 C11 | 中等 |
| 创新文化氛围 C12 | 较好 |

#### 6.4.2.4 确定一级指标评价云

在计算得到二级指标的云数字特征值后，再基于云模型计算公式，依次计算人才培养创新性 B1、科学研究创新性 B2、社会服务创新性 B3、治理体系创新性 B4 等一级指标的云数字特征值，汇总结果如表 6-31 所示。

表 6-31 一级指标云数字特征值

| 一级指标 | $E_x$ | $E_n$ | $H_e$ |
|---|---|---|---|
| 人才培养创新性 B1 | 6.388 4 | 1.017 5 | 0.255 2 |
| 科学研究创新性 B2 | 6.171 8 | 1.651 9 | 0.529 2 |
| 社会服务创新性 B3 | 5.911 5 | 18.765 5 | 0.305 4 |
| 治理体系创新性 B4 | 5.923 1 | 1.305 2 | 0.436 4 |

基于求得的各个一级指标的云数字特征值，运用 MATLAB 软件编程生成人才培养创新性 B1、科学研究创新性 B2、社会服务创新性 B3、治理体系创新性 B4 等一级指标的评价云图，在此基础上将其绘制于评价等级云标尺图中，与云标尺图进行对比，结果如图 6-50~图 6-53 所示。

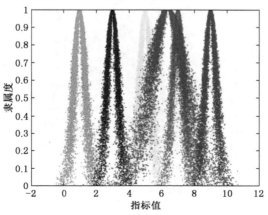

图 6-50 人才培养创新性 B1 评价云图

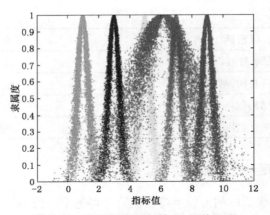

图 6-51　科学研究创新性 B2 评价云图

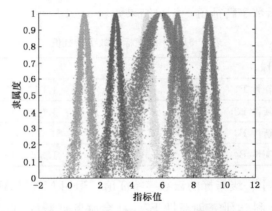

图 6-52　社会服务创新性 B3 评价云图

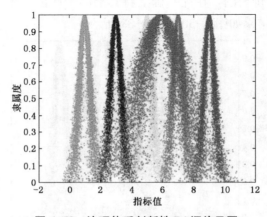

图 6-53　治理体系创新性 B4 评价云图

基于相似度计算公式计算各一级指标评价云与各评价等级云相似度,结果如表 6-32 所示。

表 6-32　各一级指标评价云与各评价等级云相似度

| 一级指标 | 差 | 较差 | 中等 | 较好 | 好 |
| --- | --- | --- | --- | --- | --- |
| B1 | 0.000 2 | 0.011 4 | 0.255 4 | 0.578 0 | 0.046 7 |
| B2 | 0.009 8 | 0.098 0 | 0.487 9 | 0.609 2 | 0.135 0 |
| B3 | 0.003 3 | 0.069 3 | 0.511 1 | 0.443 0 | 0.055 4 |
| B4 | 0.003 3 | 0.068 6 | 0.506 6 | 0.447 4 | 0.056 5 |

再将各一级指标评价云与各评价等级云相似度进行归一化处理,得到各个评价对象(一级指标)的隶属度,求得结果如表 6-33 所示。

表 6-33　各一级指标隶属度

| 一级指标 | 差 | 较差 | 中等 | 较好 | 好 |
| --- | --- | --- | --- | --- | --- |
| B1 | 0.000 2 | 0.012 8 | 0.286 4 | 0.648 2 | 0.052 4 |
| B2 | 0.007 3 | 0.073 2 | 0.364 1 | 0.454 7 | 0.100 7 |
| B3 | 0.003 1 | 0.064 1 | 0.472 3 | 0.409 4 | 0.051 2 |
| B4 | 0.003 1 | 0.063 3 | 0.468 1 | 0.413 3 | 0.052 2 |

按照最大隶属度原则,求得 C 大学在各一级指标方面的评价结果,具体如表 6-34 所示。

表 6-34　各一级指标评价结果

| 一级指标 | 评价结果 |
| --- | --- |
| 人才培养创新性 B1 | 较好 |
| 科学研究创新性 B2 | 较好 |
| 社会服务创新性 B3 | 中等 |
| 治理体系创新性 B4 | 中等 |

#### 6.4.2.5　确定整体评价云

基于一级指标云数字特征值,计算 C 大学创新性整体的云数字特征值,得到 $E_x = 6.1644, E_n = 3.1740, H_e = 0.4083$,再运用 MATLAB 软件编程生成 C 大学创新性整体的评价云图,并绘制于评价等级云标尺图中,与云标尺图进行对比,结果如图 6-54 所示。

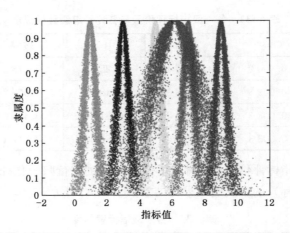

图 6-54　C 大学创新性整体评价云图

基于相似度计算公式分别计算整体评价云与各评价等级云的相似度,结果如表 6-35 所示。

表 6-35　整体评价云与各评价等级云相似度

| — | 差 | 较差 | 中等 | 较好 | 好 |
| --- | --- | --- | --- | --- | --- |
| 整体 | 0.003 0 | 0.059 0 | 0.432 0 | 0.556 5 | 0.087 1 |

再将整体评价云与各评价等级云相似度进行归一化处理,得到评价对象(整体)的隶属度,求得结果如表 6-36 所示。

表 6-36　整体隶属度

| — | 差 | 较差 | 中等 | 较好 | 好 |
| --- | --- | --- | --- | --- | --- |
| 整体 | 0.002 6 | 0.051 8 | 0.379 8 | 0.489 2 | 0.076 5 |

按照最大隶属度原则,求得 C 大学创新性整体评价为"较好"。

### 6.4.3　C 大学创新力评价结果分析

本节以 C 大学为研究对象,利用 ANP-云模型作为中国大学创新能力评价体系模型的研究工具,将前文所得评价体系进行实际应用并得到相应评价结果。

整体来看,求得 C 大学整体创新能力表现为"较好"。具体来看,C 大学重视人才培养，推行"Fe 计划"开启高水平创新人才培养模式，为社会发展做出贡献，所以 C 大学在"人才培养创新性"上表现为较好，与实际情况相符。学校的科研创新工作具有较大进展，专利成果的拥有量及转化率都取得显著突破，在科研管理创新方面的经验值得其他高校参考，因此 C 大学在"科学研究创新性"上表现较好，与实际情况相符。学校加强产学研协同创新，强化校企合作，为科技创新发展提供支持，其"社会服务创新性"表现中等，与实际情况相符。C 大学实行创新机制，形成科技创新平台发展特区，以创新为核心，致力于组建高水平科研团队，因此在"治理体制创新性"方面表现中等，与实际情况相符。

通过对 C 大学创新力评价三级指标的仔细分析发现，其在国际吸引度、社会科学研究、服务国家"急难险重"事件发挥的作用和贡献这三项指标的得分评价为较差。C 大学作为省属地方高校服务国家"急难险重"事件发挥的作用和贡献较低符合其办学层次。"国际吸引度"评分较低是中国大学创新能力建设过程中面临的普遍难题。如何提升"社会科学研究"能力成为 C 大学等类型高校提升创新能力的又一重要命题。当前中国社科研究力量主要有高校、社科院、党校、党政机关和军队五大系统。高校是社科研究的主力军，一所高校国家社科基金年度项目立项的数量和项目研究质量，体现了该校创新水平和实力。高校系统要以贯彻实施《关于加强中国特色新型智库建设的意见》《中国特色新型高校智库建设推进计划》为契机，深化研究体制改革，以年度项目为抓手，提高研究项目质量，推动高质量成果，培养优秀人才，打造高校新型智库品牌，更好地服务党和国家。研究发现，我国高校的重点项目和青年项目立项的比例偏低，要加大这两类项目的申报质量，提高立项率。最为关键的是，要加大对学术带头人和青年教师的支持和培养力度，充分利用高校的各种科研资源，进一步提升他们的学术竞争力和影响力。同时也希望国家有关部门和学校能够采取有效措施，进一步提升地方高校的学术影响力和学术话语权，充分发挥作用，服务党和国家工作大局。

## 6.5 基于云模型的中国大学创新力评价实践——以 D 大学为例

### 6.5.1 D 大学创新力发展特点与现况

在我国，"双一流"高校只占全国高等院校的少数，而绝大多数大学同样具备创新力，并且在实现科技成果转化的过程中，行业特色型高校在推动我国科技经济发展升级的过程中发挥着举足轻重的作用。D 大学在发展过程中积累了许多原始的创新成果，具有较好的生产服务优势。通过学校的不断探索与努力，D 大学近年来先后入选首批教育部成果转化示范基地，教育部、国家知识产权局"国家知识产权试点高校"，以及科技部"赋予科研人员职务科技成果所有权或长期使用权试点单位"。因此本节以 D 大学为例展开我国大学创新能力分析。

D 大学在技术创新层面，将目光锁定行业发展。作为首批入选"2011 计划"的高校，D 大学充分发挥学科优势，形成了以江苏先进生物与化学制造国家协同创新中心为核心引领，省级协同创新中心为战略支撑，校级协同创新中心为关键基础的三位一体协同创新体系。

在制度体系创新方面，D 大学鼓励科研工作者进行创业，开展建立学科型公司、"三权改革"等诸多方面的尝试。学校为了更好地激励科研人员投入科技创新中，实施股权和分红激励等措施，让利科研人员。与此同时，D 大学不断完善知识产权政策与运营体系，为发明专利的申请和维持设立基金，不断落实"三权改革"，并成为江苏省以及南京市深化知识产权"三权改革"的试点单位。

在创新平台建设方面，D 大学早在 2003 年建立大学科技园，并于 2009 年将大学科技园进行升级成为"国家级大学科技园"。在园区建设上，学校推行科技园带动多区联动发展，促进科技成果转化、高新技术企业的孵化，以及创新型人才的培育。D 大学积极与地方政府共建的南京科技第一服务平台——南京科技广场，已经入驻七十多家科技企业，这其中参与到 D 大学研发中心共建的有三十多家。例如膜科学技术研究所将众多科研成果成功转化为实际应用，并在这个过程中实现科技企业孵化，诞生了十八家高科技企业。

在提升科研工作人员创新内驱力方面，D 大学作为"科技改革三十条"全省落实的唯一综合试点高校，努力释放科研工作者的创新活力，积极探索缓解"唯论文、唯帽子、唯职称、唯学历、唯奖项"的方法。学校先后出台了六十多项职称评审改革制度，从而实现对科研人员创新积极性的保护和创新内驱力的调动。D 大学切实将科研人员的精力从"笔头"引导到"产品"上。

在人才培养创新机制方面，D 大学落实"新工科"人才培养模式，鼓励学生创新创业，依托学校的科研团队资源为学生提供接触学术前沿的实践活动。在教师层面上，D 大学提倡学科研究服务社会、将学术研究成果转化为课堂内容，从而激发学生创新热情。在构建学生评价体系方面，学校更是将注意点集中在学生综合素质的培养上，对学生在科技创新、发明专利等方面给予奖励，并且鼓励学生积极参与到各类实践与竞赛活动中。

## 6.5.2 D大学创新力评价云模型构建

### 6.5.2.1 构建评价等级云标尺

设定差、较差、中等、较好、好五个评价语作为评价等级,邀请专家评分的取值范围在[0,10]分成5个取值区间,依次为[0,2)、[2,4)、[4,6)、[6,8)、[8,10],对应差、较差、中等、较好、好五个评价等级的对应取值范围,再将其转换为云数字特征值,形成各评价等级对应的期望值$E_x$、熵$E_n$和超熵$H_e$。在各个评价等级的云数字特征值中,一般令$H_e=0.1$。经过上述过程运算,最终得到的计算结果如表6-37所示。

表6-37 各评价等级云数字特征值

| 评价等级 | $E_x$ | $E_n$ | $H_e$ |
| --- | --- | --- | --- |
| 差 | 1 | 0.333 3 | 0.1 |
| 较差 | 3 | 0.333 3 | 0.1 |
| 中等 | 5 | 0.333 3 | 0.1 |
| 较好 | 7 | 0.333 3 | 0.1 |
| 好 | 9 | 0.333 3 | 0.1 |

基于差、较差、中等、较好、好五个评价等级对应的云数字特征值,利用MATLAB软件编程并生成五个评价等级的云标尺图,绘制于同一幅图中,结果如图6-55所示。

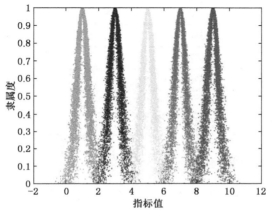

图6-55 评价等级云标尺图

#### 6.5.2.2 确定三级指标云数字特征值

邀请17位专家对D大学在培养模式方面的改革创新特色及成效D1、人才卓越度D2、学生优异度D3、人才贡献度D4等各三级指标方面的表现进行评分,在获取了17位专家基于评分标准对D大学在三级指标的表现评分之后,通过云模型计算公式,分别求得培养模式方面的改革创新特色及成效D1、人才卓越度D2、学生优异度D3、人才贡献度D4等三级指标的云数字特征值,具体如表6-38所示。

表6-38 各三级指标云数字特征值

| 三级指标 | $E_x$ | $E_n$ | $H_e$ |
| --- | --- | --- | --- |
| D1 | 5.235 3 | 1.674 0 | 0.118 2 |
| D2 | 4.294 1 | 1.674 0 | 0.675 7 |
| D3 | 5.411 8 | 1.639 3 | 0.234 3 |
| D4 | 6.117 6 | 1.778 1 | 0.271 7 |
| D5 | 5.058 8 | 1.283 7 | 0.641 1 |
| D6 | 7.235 3 | 1.639 3 | 0.496 1 |
| D7 | 5.117 6 | 1.370 4 | 0.327 5 |
| D8 | 7.294 1 | 1.318 4 | 0.327 9 |
| D9 | 5.705 9 | 1.422 4 | 0.421 6 |
| D10 | 4.823 5 | 1.439 8 | 0.208 8 |
| D11 | 5.058 8 | 1.422 4 | 0.188 3 |
| D12 | 3.294 1 | 1.465 8 | 0.421 9 |
| D13 | 6.235 3 | 1.457 1 | 0.554 1 |
| D14 | 6.588 2 | 1.639 3 | 0.552 2 |
| D15 | 2.823 5 | 1.144 9 | 0.177 1 |
| D16 | 6.529 4 | 1.509 2 | 0.371 4 |
| D17 | 3.235 3 | 1.266 3 | 0.461 1 |
| D18 | 4.352 9 | 1.648 0 | 0.472 3 |

#### 6.5.2.3 确定二级指标评价云

在计算得到三级指标的云数字特征值后,再基于云模型计算公式,依次计算培养模式创新性C1、人才培养质量C2、人才培养社会满意度C3、科研过程创新

C4 等二级指标的云数字特征值，汇总结果如表 6-39 所示。

表 6-39　各二级指标云数字特征值

| 二级指标 | $E_x$ | $E_n$ | $H_e$ |
| --- | --- | --- | --- |
| 培养模式创新性 C1 | 5.235 3 | 1.674 0 | 0.118 2 |
| 人才培养质量 C2 | 5.023 0 | 1.547 5 | 0.517 3 |
| 人才培养社会满意度 C3 | 7.235 5 | 1.639 3 | 0.496 1 |
| 科研过程创新 C4 | 5.117 6 | 1.370 4 | 0.327 5 |
| 科研创新能力 C5 | 6.389 9 | 1.384 6 | 0.387 5 |
| 标志性成果 C6 | 4.965 8 | 1.427 6 | 0.194 5 |
| 服务国家重大事件 C7 | 3.294 1 | 1.465 8 | 0.421 9 |
| 科技成果转化 C8 | 6.411 3 | 1.547 7 | 0.553 2 |
| 文化传承与创新 C9 | 2.823 5 | 1.144 9 | 0.177 1 |
| 社会服务机构建设 C10 | 6.529 4 | 1.509 2 | 0.371 4 |
| 治理结构创新 C11 | 3.235 3 | 1.266 3 | 0.461 1 |
| 创新文化氛围 C12 | 4.352 9 | 1.648 0 | 0.472 3 |

基于求得的各个二级指标的云数字特征值，运用 MATLAB 软件编程生成培养模式创新性 C1、人才培养质量 C2、人才培养社会满意度 C3、科研过程创新 C4 等二级指标的评价云图，在此基础上将其绘制于评价等级云标尺图中，与云标尺图进行对比，结果如图 6-56~图 6-58 所示。

1）人才培养创新性方面

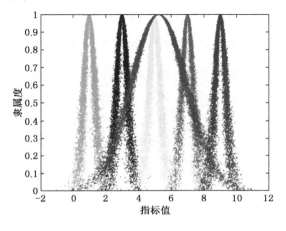

图 6-56　培养模式创新性 C1 评价云图

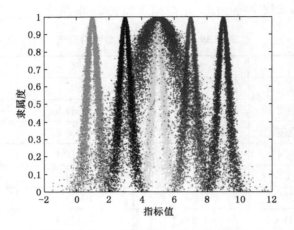

图 6-57　人才培养质量 C2 评价云图

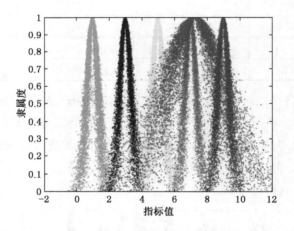

图 6-58　人才培养社会满意度 C3 评价云图

图 6-56 的评价云图显示，培养模式创新性 C1 的云滴主要分布在 3.5～6.5 之间，聚集在 5.5 左右，这表明 D 大学在该项表现中等；图 6-57 的评价云图显示，人才培养质量 C2 的云滴主要分布在 3.8～6.2 之间，聚集在 5 左右，这表明 D 大学在该项表现中等；图 6-58 的评价云图显示，人才培养社会满意度 C3 的云滴主要分布在 5.5～7.5 之间，聚集在 7.3 左右，这表明 D 大学在该项表现较好。

2) 科学研究创新性方面

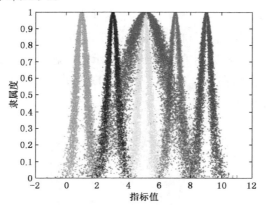

图 6-59 科研过程创新 C4 评价云图

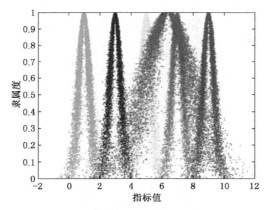

图 6-60 科研创新能力 C5 评价云图

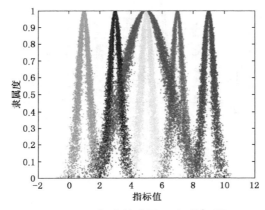

图 6-61 标志性成果 C6 评价云图

图 6-59 的评价云图显示,科研过程创新 C4 的云滴主要分布在 3.5~6.5 之间,聚集在 5 左右,这表明 D 大学在该项表现中等;图 6-60 的评价云图显示,科研创新能力 C5 的云滴主要分布在 5.5~8.5 之间,聚集在 6.3 左右,这表明 D 大学在该项表现较好;图 6-61 的评价云图显示,标志性成果 C6 的云滴主要分布在 3.8~6.2 之间,聚集在 5.8 左右,这表明 D 大学在该项表现中等。

3)社会服务创新性方面

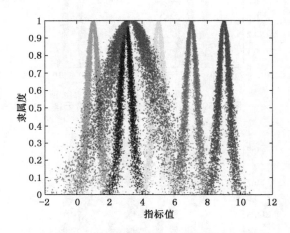

图 6-62　服务国家重大事件 C7 评价云图

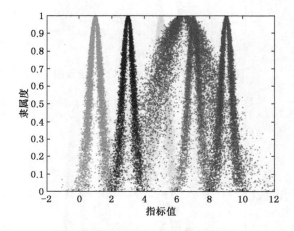

图 6-63　科技成果转化 C8 评价云图

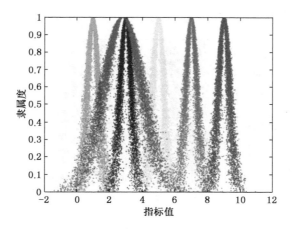

图 6-64 文化传承与创新 C9 评价云图

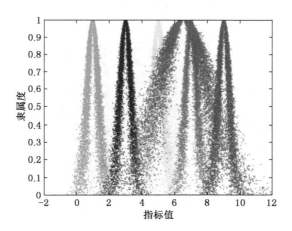

图 6-65 社会服务机构建设 C10 评价云图

图 6-62 的评价云图显示，服务国家重大事件 C7 的云滴主要分布在 2~5.2 之间，聚集在 3.6 左右，这表明 D 大学在该项表现较差；图 6-63 的评价云图显示，科技成果转化 C8 的云滴主要分布在 5~7.6 之间，聚集在 6.3 左右，这表明 D 大学在该项表现较好；图 6-64 的评价云图显示，文化传承与创新 C9 的云滴主要分布在 1.5~4.1 之间，聚集在 2.8 左右，这表明 D 大学在该项表现差；图 6-65 的评价云图显示，社会服务机构建设 C10 的云滴主要分布在 5.2~8.4 之间，聚集在 6.8 左右，这表明 D 大学在该项表现较好。

4）治理体系创新性方面

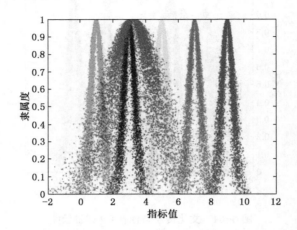

图 6-66  治理结构创新 C11 评价云图

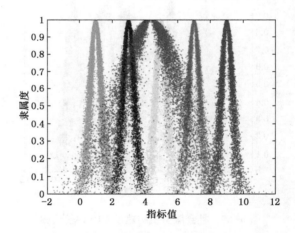

图 6-67  创新文化氛围 C12 评价云图

图 6-66 的评价云图显示，治理结构创新 C11 的云滴主要分布在 1.5~5.1 之间，聚集在 3.3 左右，这表明 D 大学在该项表现较差；图 6-67 的评价云图显示，创新文化氛围 C12 的云滴主要分布在 3~5.4 之间，聚集在 4.2 左右，这表明 D 大学在该项表现中等。

基于相似度计算公式分别计算各二级指标评价云与各评价等级云的相似度，结果如表 6-40 所示。

表 6-40　各二级指标评价云与各评价等级云相似度

| 二级指标 | 差 | 较差 | 中等 | 较好 | 好 |
| --- | --- | --- | --- | --- | --- |
| C1 | 0.027 6 | 0.213 0 | 0.869 2 | 0.310 6 | 0.047 9 |
| C2 | 0.031 9 | 0.244 0 | 0.986 3 | 0.253 5 | 0.033 7 |
| C3 | 0.001 8 | 0.030 1 | 0.219 7 | 0.871 1 | 0.317 7 |
| C4 | 0.014 3 | 0.178 3 | 0.922 6 | 0.224 8 | 0.020 5 |
| C5 | 0.002 0 | 0.043 6 | 0.357 7 | 0.655 3 | 0.110 6 |
| C6 | 0.020 0 | 0.214 5 | 0.977 4 | 0.200 9 | 0.018 2 |
| C7 | 0.172 5 | 0.822 0 | 0.292 0 | 0.036 1 | 0.001 8 |
| C8 | 0.005 0 | 0.066 1 | 0.396 6 | 0.695 2 | 0.150 4 |
| C9 | 0.176 1 | 0.868 1 | 0.114 4 | 0.004 2 | 0 |
| C10 | 0.002 7 | 0.048 2 | 0.344 2 | 0.738 8 | 0.150 7 |
| C11 | 0.145 4 | 0.845 4 | 0.236 5 | 0.019 9 | 0.000 5 |
| C12 | 0.079 4 | 0.427 9 | 0.679 1 | 0.154 2 | 0.018 2 |

再将各二级指标评价云与各评价等级云相似度进行归一化处理，得到各个评价对象（二级指标）的隶属度，求得结果如表 6-41 所示。

表 6-41　各二级指标隶属度

| 二级指标 | 差 | 较差 | 中等 | 较好 | 好 |
| --- | --- | --- | --- | --- | --- |
| C1 | 0.018 8 | 0.145 1 | 0.591 9 | 0.211 5 | 0.032 6 |
| C2 | 0.020 6 | 0.157 5 | 0.636 6 | 0.163 6 | 0.021 8 |
| C3 | 0.001 3 | 0.020 9 | 0.152 5 | 0.604 8 | 0.220 6 |
| C4 | 0.010 5 | 0.131 1 | 0.678 1 | 0.165 2 | 0.015 1 |
| C5 | 0.001 7 | 0.037 3 | 0.306 0 | 0.560 4 | 0.094 6 |
| C6 | 0.014 0 | 0.149 9 | 0.683 0 | 0.140 4 | 0.012 7 |
| C7 | 0.130 2 | 0.620 7 | 0.220 5 | 0.027 3 | 0.001 4 |
| C8 | 0.003 8 | 0.050 2 | 0.302 0 | 0.529 4 | 0.114 5 |
| C9 | 0.152 0 | 0.746 1 | 0.098 3 | 0.003 6 | 0 |
| C10 | 0.002 1 | 0.037 5 | 0.267 9 | 0.575 1 | 0.117 3 |
| C11 | 0.116 5 | 0.677 6 | 0.189 6 | 0.015 9 | 0.000 4 |
| C12 | 0.058 4 | 0.314 7 | 0.499 5 | 0.113 9 | 0.013 4 |

按照最大隶属度原则，求得 D 大学在各二级指标方面的评价结果，具体如表 6-42 所示。

表 6-42  各二级指标评价结果

| 二级指标 | 评价结果 |
| --- | --- |
| 培养模式创新性 C1 | 中等 |
| 人才培养质量 C2 | 中等 |
| 人才培养社会满意度 C3 | 较好 |
| 科研过程创新 C4 | 中等 |
| 科研创新能力 C5 | 较好 |
| 标志性成果 C6 | 中等 |
| 服务国家重大事件 C7 | 较差 |
| 科技成果转化 C8 | 较好 |
| 文化传承与创新 C9 | 较差 |
| 社会服务机构建设 C10 | 较好 |
| 治理结构创新 C11 | 较差 |
| 创新文化氛围 C12 | 中等 |

#### 6.5.2.4  确定一级指标评价云

在计算得到二级指标的云数字特征值后，再基于云模型计算公式，依次计算人才培养创新性 B1、科学研究创新性 B2、社会服务创新性 B3、治理体系创新性 B4 等一级指标的云数字特征值，汇总结果如表 6-43 所示。

表 6-43  各一级指标云数字特征值

| 一级指标 | $E_x$ | $E_n$ | $H_e$ |
| --- | --- | --- | --- |
| 人才培养创新性 B1 | 5.427 5 | 1.568 4 | 0.466 6 |
| 科学研究创新性 B2 | 5.585 3 | 1.398 5 | 0.306 7 |
| 社会服务创新性 B3 | 4.807 3 | 1.446 9 | 0.416 7 |
| 治理体系创新性 B4 | 3.794 1 | 1.457 1 | 0.466 7 |

基于求得的各个一级指标的云数字特征值，运用 MATLAB 软件编程生成人才培养创新性 B1、科学研究创新性 B2、社会服务创新性 B3、治理体系创新性 B4 等一级指标的评价云图，在此基础上将其绘制于评价等级云标尺图中，与云

标尺图进行对比，结果如图 6-68～图 6-71 所示。

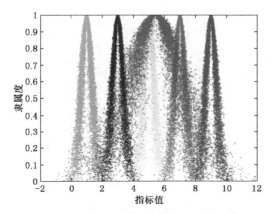

图 6-68　人才培养创新性 B1 评价云图

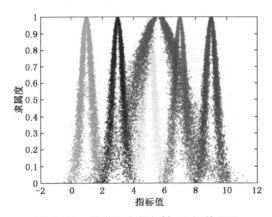

图 6-69　科学研究创新性 B2 评价云图

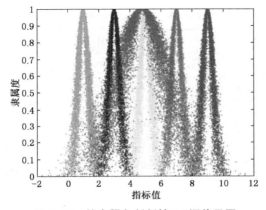

图 6-70　社会服务创新性 B3 评价云图

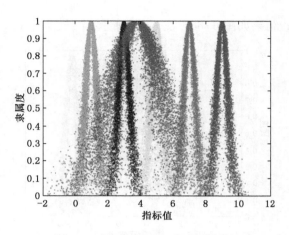

图 6-71 治理体系创新性 B4 评价云图

基于相似度计算公式计算各一级指标评价云与各评价等级云相似度，结果如表 6-44 所示。

表 6-44 一级指标评价云与各评价等级云相似度

| 一级指标 | 差 | 较差 | 中等 | 较好 | 好 |
| --- | --- | --- | --- | --- | --- |
| B1 | 0.019 3 | 0.172 8 | 0.769 0 | 0.350 3 | 0.054 5 |
| B2 | 0.007 5 | 0.112 7 | 0.666 4 | 0.348 9 | 0.041 6 |
| B3 | 0.030 2 | 0.263 5 | 0.882 1 | 0.185 6 | 0.017 9 |
| B4 | 0.105 1 | 0.589 4 | 0.436 4 | 0.066 9 | 0.004 2 |

再将各一级指标评价云与各评价等级云相似度进行归一化处理，得到各个评价对象（一级指标）的隶属度，求得结果如表 6-45 所示。

表 6-45 各一级指标隶属度

| 一级指标 | 差 | 较差 | 中等 | 较好 | 好 |
| --- | --- | --- | --- | --- | --- |
| B1 | 0.014 1 | 0.126 5 | 0.563 0 | 0.256 5 | 0.039 9 |
| B2 | 0.006 4 | 0.095 7 | 0.566 1 | 0.296 4 | 0.035 4 |
| B3 | 0.021 9 | 0.191 0 | 0.639 6 | 0.134 5 | 0.013 0 |
| B4 | 0.087 4 | 0.490 4 | 0.363 1 | 0.055 6 | 0.003 5 |

按照最大隶属度原则，求得 D 大学在各一级指标方面的评价结果，具体如表 6-46 所示。

表 6-46　各一级指标评价结果

| 一级指标 | 评价结果 |
| --- | --- |
| 人才培养创新性 B1 | 中等 |
| 科学研究创新性 B2 | 中等 |
| 社会服务创新性 B3 | 中等 |
| 治理体系创新性 B4 | 较差 |

#### 6.5.2.5　确定整体评价云

基于一级指标云数字特征值，计算 D 大学创新性整体的云数字特征值，得到 $E_x = 5.1790, E_n = 1.4643, H_e = 0.3806$，再运用 MATLAB 软件编程生成 D 大学创新性整体的评价云图，并绘制于评价等级云标尺图中，与云标尺图进行对比，结果如图 6-72 所示。

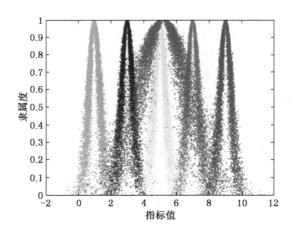

图 6-72　D 大学创新性整体评价云图

基于相似度计算公式分别计算整体评价云与各评价等级云的相似度，结果如表 6-47 所示。

表 6-47　整体评价云与各评价等级云相似度

| — | 差 | 较差 | 中等 | 较好 | 好 |
| --- | --- | --- | --- | --- | --- |
| 整体 | 0.018 7 | 0.812 5 | 0.890 6 | 0.261 9 | 0.030 2 |

再将整体评价云与各评价等级云相似度进行归一化处理，得到评价对象（整体）的隶属度，求得结果如表 6-48 所示。

表 6-48　整体隶属度

| — | 差 | 较差 | 中等 | 较好 | 好 |
|---|---|---|---|---|---|
| 整体 | 0.009 3 | 0.403 5 | 0.442 2 | 0.130 1 | 0.015 0 |

按照最大隶属度原则，求得 D 大学创新性整体评价为"中等"。

### 6.5.3　D 大学创新力评价结果分析

本节以 D 大学为研究对象，利用 ANP-云模型作为中国大学创新能力评价体系模型的研究工具，将前文所得评价体系进行实际应用并得到相应评价结果。

整体来看，求得 D 大学整体创新能力表现为"中等"。具体来看，D 大学立足于办学实际，将办学工作重点放在人才培养上，并着重强调对"新工科"人才培养模式的探索与实践，为社会培养出优质人才，因此 D 大学在"人才培养创新性"表现中等，与实际情况相符。学校在科学研究方面发挥优势学科特色，以优势学科带动学科交叉发展，借助科技政策扶持实现科研成果的市场化；学校作为江苏省"科技改革三十条"的唯一试点高校，不断完善学校科技政策体系，激发科研工作者的科研热情，促进学校的创新成果产出，因此 D 大学在"科学研究创新性"上表现中等，与实际情况相符。学校因地制宜，将创新方向瞄准生产技术难点，强化校企、产学研等多角度的合作，使得学校在创新成果转化方面有着不俗的表现，其"社会服务创新性"表现中等，与实际情况相符。D 大学作为"身份资源分配制约"影响下的一所江苏省高校，在较长一段时间的发展进程中集中学科优势推进学校科技成果落地，但由于经费较为匮乏、科研人才团队力量较弱、创新平台发展困难等诸多因素，导致其在校内"治理体制创新性"方面表现较弱，这同样与实际情况相符。

以 D 大学为代表的地方高校，其创新力一般界定为地方高校综合能力的体现，是地方高校在探索未知领域的过程中，有效利用和优化配置各种创新资源，通过知识创新、技术创新、学科创新和科技成果转化创新等各种创新活动，产出高水平的科研创新成果，培养高素质的创新型人才，形成具有竞争优势的学科，提升科研创新领域的综合能力。从地方高校集人才培养、科学研究和社会服务的三大基本职能可以看出，知识与技术创新、人才创新、科技成果转化创新应是形成地方高校创新力的最基本组成部分，而作为创新最基本单元的学科创新，则是构筑地方高校品牌特色和竞争优势，形成地方高校其他创新的前提和基础。我国地方高校资源禀赋条件、创新力发展水平、人才培养状况存在着显著的区域差异和不平衡现象，江苏省地方高校要想取得长期的持续发展、提高创新力和竞争力水平，为地方经济社会发展作出更大的贡献，除要着力解决好创新经费紧缺的硬性瓶颈因素外，还应解决好高校自身创新发展的观念、制度、体制、机制、文化等方面的隐性因素。

具体来说，第一，政府要制定积极的高等教育财政政策，切实加大对地方高校创新发展的政策扶持力度；同时统筹财政，要注意向落后的地区倾斜，给予经济落后区域地方高校创新发展更多的优惠性政策。第二，地方高校要明确创新理念，加强创新意识。各地方高校应明确提出追求卓越的、符合时代需求和自身特色的办学理念，形成各具特色的创新氛围，不断提升办学质量和创新能力，推动科技和文化的创新。第三，地方高校要以人才培养为重心，坚持人才强校战略。第四，地方高校要以区域经济社会发展为己任，充分发挥其在原始创新、集成创新、引进吸收消化基础上的再创新等方面的重要作用。第五，地方高校要以建设优势学科为核心，以学科的集群或生态环境为支撑，通过正确的创新发展战略和资源筹措体系，寻求在人才培养和社会需求中取胜。第六，地方高校要成立专门的组织，推动产学研结合，成立大学-企业研究基地，提升高校自主创新的能力，加快科技成果的转化。

## 本章小结

本章首先介绍云模型的基本理论，从云尺标设计、特征值计算、相似度及隶属度计算等方面对云模型的基本理论进行介绍。利用云模型对四所大学的创新力进行评价。评价结果显示A大学整体创新能力"好"。具体来看，它在"人才培养创新性""科学研究创新性""社会服务创新性"方面表现优秀，在国际吸引度和社会科学研究方面表现较弱。评价结果与实际情况相符，证明本研究设计的评价体系具有实际应用价值。B大学整体创新能力"较好"。具体来看，它在"人才培养创新性""科学研究创新性""社会服务创新性"方面表现较好，在国际吸引度、社会科学研究和成果转化方面表现较弱。评价结果与实际情况相符，证明本研究设计的评价体系具有实际应用价值。C大学整体创新能力"较好"。具体来看，它在"人才培养创新性"方面表现较好，在"科学研究创新性""社会服务创新性"方面表现一般，在国际吸引度、社会科学研究、服务国家"急难险重"事件发挥的作用和贡献方面表现较弱。评价结果与实际情况相符,证明本研究设计的评价体系具有实际应用价值。D大学整体创新能力"中等"。具体来看,它在"人才培养创新性""科学研究创新性""社会服务创新性"方面表现中等,在校内治理体制上的创新性方面表现较弱。评价结果与实际情况相符,证明本研究设计的评价体系具有实际应用价值。

# 7 提升中国大学创新力的策略

科研的本质和终极目标是创新并服务于经济社会发展。大学,尤其是一流大学,作为教育体系中知识的生产者和人才的培育基地,是知识和技术创新的源头。现阶段,国内对大学创新力评价的研究还比较单一。如何构建客观的大学创新力评价体系,是改善我国高校创新力现状迫切需要解决的问题。

大学创新力评价是对大学创新情况的整体、全面、系统的衡量。但现有的主流大学评价和排名体系因其不同的评价测量目标,不能完全满足新形势下对中国绝大多数大学创新力评价的要求。在持续系统构筑高校创新力评价体系的过程中,高校、政府与社会的深度融通协作尤为重要。改善高校创新力现状需要沿着新形势下对中国绝大多数大学创新力评价的要求思路,聚焦于环境的整体改善,抓住高校、政府和社会等各层面子系统的协同共建的行动路径。

## 7.1 高校层面

高校是创新力主体和创新成果的策源地,是创新力评价的"前哨"和"生力军"。通过研究分析,认为高校可以从如下几个方面强化创新实力。

### 7.1.1 重视创新型人才培养

高校的首要任务是培养人才,所以大学对国家创新体系建设的贡献也同样首先反映在创新人才输出层面上。培养创新型人才、高水平科研团队,是大学创新能力的重要衡量指标。因此大学要通过教育教学改革、完善人才政策等手段提升学校的教学与培育人才的能力,并以此作为评价大学创新力的指标之一来判定其人才输出质量,为学校的发展与改革指引前进方向。高校应瞄准科技前沿和国际水准,立足全球视野,聚焦战略科技领军人才,实行更加积极、全面、开放的人才政策，形成识才、爱才、用才、聚才的人才生态环境。当然，更为重要的是要利用高校优良的创新文化来涵养人才，厚植尊崇高校师生创新意愿的文化土壤，人人自觉践行锐意进取、追求卓越的价值理念，积极弘扬并将工匠精神、企业家精神、创新精神内涵作为课堂教学内容。

### 7.1.2 加强高校价值使命建设

教育、创新和服务社会是大学办学的使命和宗旨，三者同等重要，不可偏废。在实践中，高校应依据新时代科技创新战略目标，主动面向世界科技前沿、面向经济主战场和国家重大发展需求，全面认识科研创新的新形势，主动对接社会转型发展提出的对高质量创新成果支撑的新要求。积极调整办学方向，丰富大学章程内涵。明确高校发展的根本意义在于将科学研究与创新型人才培养聚焦于经济社会发展需求上，在创新力评价体系完善的过程中不断提高人才培养质量和提升优势学科能力，实现三者的动态平衡。

### 7.1.3 推动组织内部改革

组织资源是影响大学创新力建设的重要因素。组织资源不仅包括办学条件等实体要素，还包括对个人的动员。只有具备充分的资源动员能力，大学组织才能在市场竞争中获得优势。目前的问题是大学对政府的依附性导致组织自身的主体性不足、适应社会环境的能力比较差。大学总是依靠政府给予教学资源，由此也影响到组织机构的设置，即大学普遍采取科层同构的组织形式。大学领导者要在学术权力和行政权力冲突中起到平衡和协调作用，应就学校本身的组织能力与定位运筹帷幄并进行策略性的规划以促进创新作为。高校同时要进行教学方式的创新，为学生提供更大的服务弹性，并满足后现代社会学生的多元化需求；仿效企业注重效率及效能的绩效责任与全面质量管理以获得顾客的肯定；在注重公共关系、品牌战略时提升学校声誉、获取社会的认同与捐助。此外大学需要对内部的单位制进行改造，使其符合当前社会发展的需要。在组织内部构造良好的激励体制，把物质激励、目标激励和团结激励结合起来。大学应当赋予其参与成员一个完成创新力并且无人可以替代的位置，创造一种环境使参与成员树立起"大学与我一起成长"的精神才能做到"为我所用""唯我所有"。完善分类科研绩效评价制度，各类别科学研究应同等视之。完善科技转移人才的职称评定与绩效奖励机制，畅通人才发展培育通道。转变传统的唯论文论、唯项目论的评价机制，探索推行代表作成果制度。建立不同系列、专业和层级的职称评审代表作类型，形成符合各类人才发展规律的评价机制,促进科研人员"名利双收"。

### 7.1.4 合理化人才配置

现如今高校科研经费的分配制度存在一定的问题,例如分配结构单一化、分配依据片面化等。此外,我国大多数高校都存在将珍贵的科研资源的百分之八十左右用于学科研究、忽视成果转化的现象。这样的分配与利用模式在一定程度上导致"为了课题而做科研"的现象,让科研经费浪费。因此大学首先要拓宽科研资源的使用途径,加快科研资源配置改革,将有限的资源和经费进行合理配置。此外,大学要从源头上解决问题,通过制定合理的使用机制避免资源投入的浪费、低效。其次,除了控制资源消耗之外,高校相关部门也要制定合适的资源分配模式,将经费投入向成果转化层面倾斜,鼓励科研人员将科研潜力发挥到能够提升社会生产能效的地方,激励科研团队的研发与成果转化积极性。通过本书的问题分析来看,高效的人才资源分配制度是实现高校科研力产出的重要催化剂。因此大学要合理分配人力资源、优化人力资源配置结构,做好科研工作者在教学和科研之间的平衡点,不断提升高校科研人员、科研团队素质,助力高水平科研成果的产生。

### 7.1.5 建立现代大学制度

现代大学制度的核心是要正确处理大学与政府之间的关系,主要是如何保证大学的办学自主权问题。通过建立现代大学制度促使大学由外部控制向内部自主自治转变,改变政府对大学实行计划管理的现状,因为大学是政府的隶属机构而不是利益主体。使高等教育形成"卖方市场",增强大学的危机意识,从而形成大学自主进行制度创新的动力,形成自主性的大学内部治理结构。同时财政、科研拨款、专业设置以及大学评价政策要根据院校不同的特征进行有针对性的分类。组织理论认为,任何组织的存在都具有自己独特的目的和特定的职能定位,并以此作为区别于其他社会组织和确立自身存在合理性的根据。只有完善外部制度环境才能正确引导大学组织自身内部治理结构的变革,在宏观上为高校创新力建设创造一个有利的支撑环境。

## 7.2 政府层面

政府作为推动经济社会发展的主要治理主体,在推动高校创新力发展、完善国家科技创新体系过程中，应当充分发挥引导和支撑作用。通过研究分析，认为政府可以从如下几个方面推动高校强化创新实力。

### 7.2.1 注重创新协同发展，服务产业技术发展

不论是高水平大学还是行业特色型大学都要将创新力与社会生产力紧密联系起来。政府应助力大学发挥区域特点、衔接区域经济发展需求，将自身的成果优势定位到区域发展的市场核心竞争力中，促进政产学研的高度融合发展，进而实现对经济社会产业技术发展的推动作用。因此，政府应该注重高校在提升自身科技创新力的过程中聚焦社会发展与地方经济的发展趋势，实现大学科技创新成果带动国家创新体系建设的助推作用。这就要求政府在已有优势的基础上对大学的人才资源、科技创新资源以及财政支持进行有机调和，以市场导向为基准线不断深化校企间的合作关系，借助社会创新环境打通横向创新联动，完善从知识创新到产业技术提升的全流程合作，从而提高学校的科技创新能力，充分发挥科技创新潜力，实现将知识与产业生产、课题研究与创新型人才培养的联动与激活，助力大学达成与行业发展间的全角度、立体化、实质性的高度合作。在这个过程中，政产学研的通力合作能够高效整合四方的优势资源，实现知识创新到技术水平提升的无缝衔接，将优势资源充分发挥作用，将协同创新力有效转化为社会生产力与区域核心竞争力，并推动科技成果转化，促进经济社会发展。而这个过程也正是大学作为国家创新主体要完成的核心任务，也是大学树立社会威信与学校品牌形象的重要方法。

### 7.2.2 加强政府的监督作用，确保创新资源与政策落地

政府作为社会发展的指挥棒不但承载着社会经济发展的引导作用，对于高校发展也要体现其引导与支持的角色任务。当相关单位对创新资源把控与引导不力时，很大程度上会削减资金与政策环境对创新的扶持力度，进而导致经费利用效率低下、政策架空等一系列问题的发生。政府部门要从创新资源、创新政策等多角度、多环节对大学进行监督与管控，确保资金的合理利用、确保科研人才应当享有的福利待遇等等。此外，通过政策引导大学的创新架构改革，能够促进大学发挥科研潜力。政府在一定范围内要强化对创新发展的投入，而非盲目扩张，能更加有效地调动企业与高校之间的合作联动机制，发挥市场导向的作用，这可以促进大学科研活动与市场相结合，并能在很大程度上缓解政府资金压力，也为科研团队的科研成果实现市场化提供发展机遇与可能性。

## 7.3 社会层面

社会组织是创新力评价体系需求的庞大群体，是社会生产发展过程的多重身份叠加。通过研究分析，认为社会可以从如下几个方面支持大学创新力的发展。

### 7.3.1 践行评价机制改革，助力大学高质量创新发展

推动大学聚焦产业发展、聚焦创新成果转化。新时代背景下高校的社会服务性不断增强、对经济社会的促进作用不断显现，但当下我国高校的科技创新成果并未完全应用到实际的生产生活中，未能充分体现科技成果对我国生产体系的影响，没有将科研创新力转化为社会经济发展驱动力。所以在对我国大学的创新力进行衡量的过程中要重视大学在成果转化方面的表现，进而引导大学将创新成果落实到成果转化的过程中，将科技创新转化为社会生产力，体现大学作为社会创新主体的社会服务性，将科研创新过程与社会产业发展紧密衔接并逐步实现高度融合。

### 7.3.2 培育创新文化，营造良好的创新氛围

创新是一个民族进步的灵魂，是一个国家兴旺发达的不竭动力。然而，创新的理念尚未牢固地植根于国家，创新还没有真正形成一种文化。创新是引领发展的第一动力。党的十八届五中全会提出："坚持创新发展，必须把创新摆在国家发展全局的核心位置，不断推进理论创新、制度创新、科技创新、文化创新等各方面创新，让创新贯穿党和国家一切工作，让创新在全社会蔚然成风。"习近平总书记强调："坚持用创新文化激发创新精神、推动创新实践、激励创新事业。"良好的创新文化环境能够激发人们创新的欲望，从而使创新的激情源源不断进发。善于"造势"就是要广泛宣传创新文化，在社会中营造崇尚创新、敢于创新、善于创新、宽容失败的浓厚氛围。理念是行动的先导。新发展理念是习近平新时代中国特色社会主义思想的重要内容，是确保我国经济社会持续健康发展的科学理念。进入新时代、新发展阶段，建设创新文化必须牢固树立和贯彻落实创新、协调、绿色、开放、共享的发展理念，以新发展理念推动创新文化不断上水平、上台阶、上档次，以创新文化推动高校创新发展。

## 本章小结

本章根据本书实证研究的结果针对性地提出促进我国大学创新力水平提升的策略建议。构建高校创新力评价体系，高校、政府与社会的深度融通协作尤为重要。改善高校创新力现状需要沿着新形势下对中国绝大多数大学创新力评价的要求思路，聚焦于环境的整体改善，抓住高校、政府和社会等各层面子系统的协同共建的行动路径。所以本章分别从高校、政府和社会三个层面提出了提升大学创新力的策略，其中高校层面要重视创新型人才培养、加强高校价值使命建设、推动组织内部改革、合理化人才配置以及建立现代大学制度；政府层面需要注重创新协同发展，服务产业技术发展以及加强政府的监督作用，确保创新资源与政策落地；社会层面则需要践行评价机制改革来助力大学高质量创新发展，同时也需要培育创新文化，营造良好的创新氛围。

# 8 研究结论与展望

新时代，创新摆在经济社会发展的突出位置，知识创新和科学技术发展对中国大学的创新力提出更高的要求。如何充分利用不同高校的创新资源，以及在人才培养和科学研究方面的诸多问题还需要进一步地讨论和解决，中国高校创新力体系目前还不够完善，亟须加强。

本研究从构建中国大学创新力体系出发，围绕创新驱动发展战略大背景，基于创新理论、评价学理论、系统科学理论等，对大学创新力相关概念进行界定及阐释，通过对4所不同层级的高校进行调研访谈，运用ANP-云模型法进行分析，得出不同层次、不同级别的大学在大学创新力方面的不同表现。本书中高校创新力评价指标体系的建立既为高校创新力的评价提供了依据，也为政府政策制定、高校实施改革和学生选择大学提供了方向和思路。

## 8.1 研究结论

本研究首先对我国大学创新力的相关概念进行界定。从大学职能的评价视角构建中国大学创新力评价体系，随后利用ANP-云模型的方法对4所不同层级的大学的创新力进行了多维度评价与分析。本书立足于我国国情分析大学在我国创新系统中的重要地位，挖掘影响我国高校创新力的关键因素，填补了适用于我国大学的创新力评价体系构建研究方面的空白点。此外，本书在评价模型的构建方面也进行了创新，尝试将云模型的计算方法应用到大学创新力评价过程中，得到以下主要结论：

### 8.1.1 明确大学创新力的影响要素及评价体系的设计内涵

大学创新力要以创新性人才培养为目标、以高水平科研成果产出为重点、以服务社会发展为目的、以良好的大学治理体系为支撑。此外，大学的创新力要强调"新"产出与可持续性，提出资源投入、环境扶持、成果输出以及收益回报是影响大学创新表现的关键因素这一论点。本书指出，大学创新力评价过程的核心是根据大学创新力的影响特征进行分析，以大学的职责使命为指标体系的设计出发点，从人才培养创新性、科学研究创新性、社会服务创新性、治理体系创新性等方面进行综合测度，以期全面反映我国大学的创新力。

### 8.1.2 分析主流评价体系存在的问题

大学创新力评价是对大学创新情况整体、全面、系统的衡量，现有的大学评价和排名体系因其不同的评价测量目标，不能完全满足新形势下对中国大学创新性评价的要求，反而会消解高校科研工作者的创新与创造激情、遏制了大学的创新活力。具体而言，①国际上与大学创新能力相关的主流排行方法不能反映出中国特色。因此，即使其在国际上的认可度很高，但由于文化与地域的差异，不应直接用于评价中国大学创新能力。②面向中国全体大学的评价大多是综合性的衡量指标体系，没有突出创新性，容易导致"大而全"的高水平大学占据有利位置，而一些"小而精"的特色型大学处于不利位置。③现有的评价体系在我国的适用性较低、大学覆盖面窄。目前，国际上主流的大学创新活动评价体系中的评价对象仅局限于国际上的少部分顶级院校，并不能通过这些评价体系来了解中国大学创新性的整体情况。

### 8.1.3 设计出较为完善的中国大学创新力评价体系

本书根据大学创新力的特征和内涵，紧紧围绕指标体系设计原则，对国内外各相关指标体系进行分析与补充，并开展专家访谈和调研，围绕大学创新力的四个表现层次，即创新性人才培养、科研成果产出、技术创新及转化、创新生态系统来设计评价指标体系；利用网络层次分析法确定评价体系的指标权重，得到较为科学合理的评级指标体系。对于高水平院校而言其创新力主要受到区域经济环境、科研人力资源规模与政府扶持力度、高校的人才培养机制与科研成果的社会认可度、"产学研"合作及项目成绩等方面的影响。

与当下大多数主流评价体系相比，本书设计的中国大学创新力评价体系能够同时适用于我国综合性大学及行业特色型大学，具有较强的实际应用价值及普适性。利用人才培养创新性、科学研究创新性、社会服务创新性及治理体系创新性四个维度对我国大学的创新力进行评价符合我国的时代背景需求。本评价体系依据中共中央、国务院印发的《深化新时代教育评价改革总体方案》的要求，推进"五破五立"的实证探索，积极响应政策引导、紧紧跟随国家发展需求。

### 8.1.4 利用云模型构建我国大学创新力评价等级界定模型

在评价模型构建方法的选择上，本研究开创性地将云模型应用于大学创新力评价领域。本研究提出的评价体系将 ANP 方法和云模型进行了深度融合，并有效应用于大学创新力评价等级的界定中。云模型的引入能更好地反映被研究事物的随机性和模糊性，与模糊综合评价模型相比更有应用价值。此外，云模型不仅能够得到被研究主体的整体评价等级，同时也能够得到各个指标层级的评价云，可满足多种分析的需求，进而更加清晰直观地反映研究对象的创新力。本书通过对 4 所大学的实证分析研究得到如下结论："985"大学 A 大学创新性整体评价为"好"，其中人才培养创新性、科学研究创新性、社会服务创新性和治理体系创新性都为"好"。部属"211"大学 B 大学创新性整体评级为"较好"，其中人才培养创新性、科学研究创新性、社会服务创新性和治理体系创新性都为"好"。省属"211"大学 C 大学创新性整体评价为"较好"，其中人才培养创新性和科学研究创新性评价为"较好"，社会服务创新性和治理体系创新性为"中等"。具体来看，C 大学在培养模式创新性、人才培养质量、人才培养社会满意度、科研过程创新、标志性成果、科技成果转化、文化传承与创新、社会服务机构建设和创新文化氛围方面评价为"较好"，在科研创新能力、服务国家重大事件和治理结构创新方面评价为"中等"。普通大学 D 大学创新性整体评价为"中等"，其中人才培养创新性、科学研究创新性、社会服务创新性评价为"中等"，治理体系创新性评价为"较差"。具体来看，D 大学在人才培养社会满意度、科研创新能力、科技成果转化、社会服务机构建设方面评价为"较好"，在培养模式创新性、人才培养质量、科研过程创新、标志性成果、创新文化氛围方面评价为"中等"，在服务国家重大事件、文化传承与创新、治理结构创新方面评价为"较差"。

## 8.2 研究展望

在下一阶段研究中，笔者将立足既有研究内容和研究结论，以探索不同高校创新力为主线，以激活高校创新发展活力与动能为主旨，渐趋丰富创新力相关理论与实证探索。为此，未来重点展开如下方面研究：

（1）本研究在处理指标权重的过程中应用网络层次分析法，部分指标的权重确定利用了专家打分的方式，使得评价时带有一定的主观性。但随着学术界的不断发展，后期或许会出现更加完善的研究方法。因此，后续可在此基础上利用更加科学的研究方法来对本研究的相关数据和权重进行更加合理的处理。

（2）本书主要侧重于对评价体系的构建以及研究所得评价模型的可操作性，出于文章篇幅限制本书仅以既定4所大学为实证研究对象，后续可在此基础上将模型应用于我国其他院校进行检验。

（3）本书在对大学创新力进行评价的过程中使用的云模型停留在一维范围内，后续可对多维云模型进行深入挖掘和学习，将其应用到更多相关领域的学术研究中，让研究和评价结果更具有实际指导价值。

# 参考文献

[1] Colapinto C. A way to foster innovation: a venture capital district from Silicon Valley and route 128 to Waterloo Region [J]. International Review of Economics, 2007, 54(2): 319-343.

[2] 史晓琪. 提升高校创新能力加快推进"双一流"建设: 访省教育厅党组书记、厅长宋争辉[N]. 河南日报, 2021-11-07(2).

[3] 邱均平, 欧玉芳. 面向世界一流大学建设的"985工程"高校科研竞争力评价分析: 基于"十二五"期间 RCCSE 世界一流大学及学科竞争力评价报告[J]. 中国高教研究, 2016(4): 57-63.

[4] 顾萍, 夏旭, 伍雪莹, 等. 高校科研评价指标体系构建研究[J]. 图书情报工作, 2017, 61(9): 94-101.

[5] 张树良, 张志强, 王雪梅. 国际科研评价体系现存问题及发展新趋势分析[J]. 科学学研究, 2015, 33(8): 1 127-1 133.

[6] 杨九诠. 破除"五唯"以多元治理的理念深化高考改革[J]. 清华大学教育研究, 2019, 40(1): 50-55.

[7] 熊彼特. 经济发展理论[M]. 贾拥民, 译北京: 中国人民大学出版社, 2019.

[8] 任全娥. 基于情报学的人文社会科学研究成果创新性测评[J]. 情报资料工作, 2009, (2): 20-23.

[9] 陈建青. 对我国学术论文创新性评审的几点思考[J]. 青年记者, 2013(18): 33-35.

[10] 周露阳. 论审评学术论文创新因素的指标体系[J]. 编辑学报, 2006, 18(1): 68-70.

[11] 杨建林, 邓三鸿. 人文社会科学学科创新能力评价指标体系的基本框架

[J]. 情报科学,2013,31(9):20-24,28.

[12] 赵长轶,刘海月,邓金堂,等. 创新生态视角下对外技术引进与高技术产业创新效率关系[J]. 软科学,2023,37(5):8-16.

[13] 赵海静,门晓宇. 校企合作对大学生创新创业能力培养的研究[J]. 金融理论与教学,2022(3):117-118.

[14] 田敏. 高校应用型创新人才培养定位及路径探析[J]. 黑龙江人力资源和社会保障,2022,(15):119-121.

[15] 何春建. 单篇论文学术影响力评价指标构建[J]. 图书情报工作,2017,61(4):98-107.

[16] Woodman R W, Sawyer J E, Griffin R W. Toward a theory of organizational creativity[J]. Academy of Management Review,1993,18(2):293-321.

[17] 钱玲飞,杨建林,邓三鸿. 人文社会科学学科创新力核心指标评价. 图书与情报,2013(1):98-102.

[18] 蒋伟伟,钱玲飞. 基于创新过程的人文社会科学学术创新力测度研究[J]. 西南民族大学学报(人文社科版),2016,37(3):227-236.

[19] 苏新宁,王东波. 学术评价相关问题与思考[J]. 信息资源管理学报,2018,8(3):4-11.

[20] 沈固朝. "优化学术环境"笔谈之二 期刊评价与学术评价的再思考[J]. 改革,2016(2):137-140.

[21] 刘宝存. 国际视野下我国大学创新力存在的问题及对策研究[J]. 比较教育研究,2011,33(1):21-25.

[22] 刘书雷,沈雪石,吕蔚,韩琰. 高校科研团队科技创新能力评价研究[J]. 国防科技大学学报,2010,(1):138-141.

[23] 覃伟. 高校学生科技创新力评价指标体系探讨[J]. 现代商贸工业,2009,21(5):195-196.

[24] 祝汉民. 从论文数据看"985工程"成就[N]. 科学时报,2010-07-22(A03).

[25] 徐小洲,陈劲,叶鹰,等. 大学创新力评价的理论、方法与策略[J]. 高等工程教育研究,2007(3):35-39.

[26] 丁建洋. 日本大学创新能力的历史建构研究:以"诺贝尔奖井喷现象"为切入点[D]. 南京:南京大学,2008.

[27] Garnatje T, Vallès J, Garcia S, et al. Genome size in Echinops L. and related Genera (Asteraceae, Cardueae): karyological, ecological and phylogenetic implications [J]. Biology of the Cell, 2004, 96(2): 117-124.

[28] Wang D, Xin Y. Research on the Evaluation of Knowledge Innovation Ability of Enterprise based on Knowledge Management[J]. Journal of Convergence Information Technology, 2013, 8(9): 1 163-1 169.

[29] Bornmann L, Marx W. How to evaluate individual researchers working in the natural and life sciences meaningfully? A proposal of methods based on percentiles of citations [J]. Scientometrics, 2014, 98: 487-509.

[30] Verspagen B. University research, intellectual property rights and European innovation systems [J]. Journal of Economic surveys, 2006, 20(4): 607-632.

[31] Toker U. Workspaces for knowledge generation: facilitating innovation in university research centers[J]. Journal of Architectural and Planning Research, 2006(3): 181-199.

[32] Champagne É. Villes, régions et universités: recherches, innovations et territoires [J]. Canadian Journal of Political Science/Revue Canadienne de science politique, 2007, 40(1): 271-276.

[33] Martín García T, Almaraz Menéndez F. University hackathons: new ways of educational and social innovation. the experience of the university of Salamanca [J]. Journal of Higher Education Theory & Practice, 2021, 21(7): 56-62.

[34] Chen K, Kenney M. Universities/research institutes and regional innovation systems: the cases of Beijing and Shenzhen[J]. World development, 2007, 35(6): 1 056-1 074.

[35] 梁燕,耿燕,林玉伟,李相银.基于层次分析法的高校科技创新能力评价指标体系研究[J].科学学与科学技术管理,2009,30(5):194-196.

[36] 刘娟娟.灰关联聚类法在高校科研绩效评价中的应用研究[J].云南科技管理,2011,24(5):23-26.

[37] 侯启娉.基于DEA的研究型高校科研绩效评价应用研究[J].研究与发展管理,2005,17(1):118-124.

[38] 王凤香,杜哲培,王丽洁,等.基于平衡记分卡的高校科研评价体系建设[J].教育财会研究,2007,18(6):39-42,58.

[39] 叶国荣.基于BP神经网络的高校院系科研绩效评价模型[J].浙江工商大学学报,2009(2):87-92.

[40] 廖文秋.高等学校科技创新能力评价研究[D].合肥:中国科学技术大学,2012.

[41] 王雪珍.高校科研项目绩效评价研究:企业绩效评价理论在高校科研管理中的应用[D].长沙:中南大学,2007.

[42] 郑确辉.论《基本科学指标》观照下的我国高水平大学科研竞争力[J].科技管理研究,2009(12):189-191.

[43] 马瑞敏,韩小林.中国高校科研创新力分类分层研究[J].重庆大学学报(社会科学版),2012,18(2):106-111.

[44] 刘丰.加快交叉学科建设 提升高等院校科研创新力[J].技术与创新管理,2009,30(6):722-725.

[45] 吴建南,孟凡蓉,章磊.高校"985工程"科技创新平台建设评价体系构建思路探析[J].科技管理研究,2009,29(6):101-103,109.

[46] 邱均平,丁敬达,杨思洛,等.中国高校"创新指数"的评价与分析[J].评价与管理,2010,8(3):26-30.

[47] 邱均平,赵蓉英,余以胜.中国高校科研竞争力评价的理念与实践[J].高教发展与评估,2005,21(1):31-35,39.

[48] 闫海燕.浙江省高校科技创新能力评估研究[D].杭州:浙江工业大学,2001.

[49] 刘小明.福建省高校科技创新能力与体系研究[D].福州:福州大学,2004.

[50] 李函颖.英国大学科研创新力及其原因探究[J].高等教育研究,2013,34(5):103-109.

[51] 赵蓉英,李雪璐.中美研究型大学实力比较研究[J].高教发展与评估,2008,24(5):6-13,121.

[52] 隋秀芝,陈昆昌.理工科高校人文社会科学研究发展的实证分析:以浙江理工大学为例[J].图书情报导刊,2016(3):136-140.

[53] Zaccaro S J. Trait-based perspectives of leadership[J]. American Psy-

chologist,2007,62(1):6-16.

[54] Smith R D. The chief technology officer: strategic responsibilities and relationships [J]. Research-Technology Management,2003,46(4):28-36.

[55] Anderson N R,Hardy G,West M A. Innovative Teams and Networks [J]. Personnel Management,1990(9):48-53.

[56] Drach-Zahavy A,Somech A. Understanding team innovation: the role of team processes and structures [J]. Group Dynamics: Theory, Research, and Practice,2001,5(2):111-123.

[57] Hackman J R. The design of work in the 1980s[J]. Organizational Dynamics,1978(7):317-351.

[58] Gladstein D L. Groups in context: a model of task group effectiveness [J]. Administrative Science Quarterly,1984(29):499-517.

[59] Quinn J B P,Anderson P,Finkelstein S. Managing professional intellect: making the most of the best[J]. The Strategic Management of Intellectual Capital,1998:87-98..

[60] Bettenhausen K L. Five years of creativity among inventors and non-inventors[J]. Perceptual and Motor Skills,1991(4):78-82.

[61] Furman J L,Porter M E,Stern S. The determinants of national innovative capacity[J]. Research Policy,2002,31(6):899-933.

[62] 王磊. 大学创新学术团队研究[D]. 上海：华东师范大学,2008.

[63] 周立,吴玉鸣. 中国区域创新能力：因素分析与聚类研究：兼论区域创新能力综合评价的因素分析替代方法[J]. 中国软科学,2006(8):96-103.

[64] 黎庆兴,梁敏辉. 提高高校科研团队创新能力的途径探索[J]. 赣南师范学院学报,2008,29(2):110-112.

[65] 卜琳华. 高校科研创新团队能力跃进机制研究[J]. 科技进步与对策,2010,27(13):130-133.

[66] 钱玲飞,杨建林,张莉. 基于灰色关联度的学科创新力影响因素权重分析：以情报学为例[J]. 图书情报工作,2011,55(16):37-41.

[67] 罗德斯. 创造未来：美国大学的作用[M]. 王晓阳,蓝劲松,等译北京：清华大学出版社,2007:384-392.

[68] Keller M,Keller P. Making Harvard modern: the rise of America's u-

niversity[M]. New York：Oxford University Press，2001.

[69] 谢焕忠.加快体制改革和制度建设积极推进高校科技创新上水平[J].中国高等教育,2005,(9)：28-30.

[70] 王占军.大学创新力的影响因素分析[J].高校教育管理,2008(3)：51-57.

[71] 徐小洲,梅伟惠.中国大学创新力建设的问题与对策[J].中国高教研究,2006(11)：19-22.

[72] 傅建芳,杨声.高等教育应对知识经济挑战的国际比较及启示[J].开发研究,2003,(6)：95-97.

[73] 葛继平,林莉.高等院校科技创新能力的提升:兼谈大连交通大学科技创新能力提升之路[J].现代教育管理,2010(9)：2 730.

[74] 张卫良.大学核心竞争力理论与实践研究[D].长沙:中南大学,2005.

[75] 成长春.高校竞争情报理论与运作研究[J].中国高教研究,2011(11)：64-67.

[76] Freeeman C. A new national system of innovation[M]. London：Printer Publishers，1998.

[77] 宋刚.钱学森开放复杂巨系统理论视角下的科技创新体系:以城市管理科技创新体系构建为例[J].科学管理研究,2009,27(6)：1-6.

[78] Chesbrough H W. Open innovation：the new imperative for creating and profiting from technology[M]. Boston：Harvard Business School Press，2003.

[79] Stufflebeam D L. The use of experimental design in educational evaluation[J]. Journal of Educational Measurement，1971，8(4)：267-274.

[80] 邱均平,赵蓉英,王菲菲,等.世界一流大学与科研机构学科竞争力评价的做法、特色与结果分析[J].评价与管理,2012,10(2)：18-24.

[81] 梅轶群,张燕.高校科技创新能力的分析和评价[J].技术经济,2006,25(5)：74-77.

[82] 康美娟,冯英娟,李刚.高等学校科技创新能力评价指标体系构建研究[J].长春理工大学学报(社会科学版),2009,22(6)：957-958.

[83] 吕建荣.中国高校科技创新能力的历史与现状:基于创新型国家理论的科技创新能力研究[D].西安:西北大学,2007.

[84] 谭春辉. 高校哲学社会科学创新能力评价指标体系构建研究[J]. 重庆大学学报(社会科学版),2010,16(2):70-75.

[85] 刘承波. 大学排行必先分类:《2003 中国大学评价》引发的思考[J]. 中国高等教育,2003,(Z2):34-35.

[86] 陈谷纲,王云鹏. 中国网大大学排行榜述评[J]. 中国高教研究,2003,(9):40-42.

[87] 顾海兵. 陷入误区且步入禁区的"中国大学排名"[J]. 中国高等教育,2003,(7):22-24.

[88] 陈厚丰. 试评《中国大学评价》的大学分类[J]. 现代大学教育,2004,(2):98-101.

[89] 王玲.《美国新闻与世界报道》大学排行榜对我国高等教育评估的启示与借鉴[J]. 当代教育科学,2011(13):36-39.

[90] 王占军. 大学排行对院校的组织决策、行为与文化的影响[J]. 中国高教研究,2012(2):25-28.

[91] 郑卫北,庄炜玮,焦振霞. 基于灰色关联度模型的高校创新能力评价体系研究[J]. 科技管理研究,2012,32(2):50-53.

[92] 刘创. 构建以创新力为导向的大学评价体系的基本原则[J]. 云梦学刊,2014,35(6):121-124.

[93] 黄小平,陈洋子. "双一流"大学科技创新能力评价:国际经验及启示:基于对英、法、美、澳科研评价体系的考察[J]. 评价与管理,2017,15(1):1-5,54.

[94] 吴燎原,岳峰,胡可,等. 基于区间数证据分组合成的高校创新能力评价[J]. 科研管理,2017,38(S1):656-665.

[95] 牛凤蕊. 大学创新力的国际比较及启示:基于 2015—2017 年全球最具创新力大学排行榜的分析[J]. 世界教育信息,2018,31(9):48-55.

[96] 田小红,王超. 金砖五国科研竞争力比较研究:基于 2007—2016 年 Incites 和 ESI 数据源[J]. 湖州师范学院学报,2018,40(8):98-106.

[97] 杨婷,尹向毅,孟莹,等. 国际大学创新能力建设(观点摘编)[J]. 中国高教研究,2017(5):34-38.

[98] 蔡琳. 高校科技创新指标体系构建与评价方法研究[D]. 广州:暨南大学,2016.

[99] 中华人民共和国科技部. 关于破除科技评价中"唯论文"不良导向的若干

措施(试行)[J]. 中国期刊年鉴,2021(1)：511-513.

[100] Millet I, Saaty T L. Selecting a Synthesis Mode in the Analytic Hierarchy Process[C]// The International Symposium on the Analytic Hierarchy Process, 1996：184-189.

[101] Saaty T L. Decisions making with the Analytic Network Process (ANP)[J]. University of Pittsburgh(USA), ISAHP, 1996, 96：1-3.

# 附录一 调查问卷部分

## 第一部分 基于ANP的大学创新力评价体系指标权重打分

尊敬的专家学者:

您好!我们正在开展一项关于中国大学创新力评价体系的研究,希望占用您三分钟参与问卷调查。我们承诺本问卷为匿名调查,调查结果仅用于本课题研究。非常感谢您的支持与配合!

表 A.1 评分标准

| 标度 | 定义 | 解释 |
|---|---|---|
| 1 | 同样重要 | 两元素在某属性上同样重要 |
| 3 | 稍微重要 | 两元素在某属性上一个比另一个稍微重要 |
| 5 | 重要 | 两元素在某属性上一个比另一个重要 |
| 7 | 很重要 | 两元素在某属性上一个比另一个很重要 |
| 9 | 极度重要 | 两元素在某属性上一个比另一个极度重要 |
| 2、4、6、8 | 介于二者之间 | 上述相邻标度的中间值 |
| 上列标度倒数 | 反向比较 | 元素 $i$ 对 $j$ 的标度为 $a_{ij}$,反之为 $1/a_{ij}$ |

### 一级指标比较

表 A.2 一级指标比较

| 影响指标 | 1 | 2 | 3 | 4 | 5 | 6 | 7 | 8 | 9 | 影响指标 |
|---|---|---|---|---|---|---|---|---|---|---|
| 人才培养创新性 | | | | | | | | | | 科学研究创新性 |
| 人才培养创新性 | | | | | | | | | | 社会服务创新性 |

(续表)

| 影响指标 | 1 | 2 | 3 | 4 | 5 | 6 | 7 | 8 | 9 | 影响指标 |
|---|---|---|---|---|---|---|---|---|---|---|
| 人才培养创新性 | | | | | | | | | | 治理体系创新性 |
| 科学研究创新性 | | | | | | | | | | 社会服务创新性 |
| 科学研究创新性 | | | | | | | | | | 治理体系创新性 |
| 社会服务创新性 | | | | | | | | | | 治理体系创新性 |

**二级指标比较**

1)"人才培养创新性"各评价指标的重要性对比

表 A.3　人才培养创新性

| 影响指标 | 1 | 2 | 3 | 4 | 5 | 6 | 7 | 8 | 9 | 影响指标 |
|---|---|---|---|---|---|---|---|---|---|---|
| 培养模式创新性 | | | | | | | | | | 人才培养质量 |
| 培养模式创新性 | | | | | | | | | | 人才培养社会满意度 |
| 人才培养质量 | | | | | | | | | | 人才培养社会满意度 |

2)"科学研究创新性"各评价指标的重要性对比

表 A.4　科学研究创新性

| 影响指标 | 1 | 2 | 3 | 4 | 5 | 6 | 7 | 8 | 9 | 影响指标 |
|---|---|---|---|---|---|---|---|---|---|---|
| 科研过程创新 | | | | | | | | | | 科研创新能力 |
| 科研过程创新 | | | | | | | | | | 标志性成果 |
| 科研创新能力 | | | | | | | | | | 标志性成果 |

3)"社会服务创新性"各评价指标的重要性对比

表 A.5　社会服务创新性

| 影响指标 | 1 | 2 | 3 | 4 | 5 | 6 | 7 | 8 | 9 | 影响指标 |
|---|---|---|---|---|---|---|---|---|---|---|
| 服务国家重大事件 | | | | | | | | | | 科技成果转化 |
| 服务国家重大事件 | | | | | | | | | | 文化传承与创新 |
| 服务国家重大事件 | | | | | | | | | | 社会服务机构建设 |
| 科技成果转化 | | | | | | | | | | 文化传承与创新 |
| 科技成果转化 | | | | | | | | | | 社会服务机构建设 |
| 文化传承与创新 | | | | | | | | | | 社会服务机构建设 |

4)"治理体系创新性"各评价指标的重要性对比

表 A.6　治理体系创新性

| 影响指标 | 1 | 2 | 3 | 4 | 5 | 6 | 7 | 8 | 9 | 影响指标 |
|---|---|---|---|---|---|---|---|---|---|---|
| 治理结构创新 | | | | | | | | | | 创新文化氛围 |

# 第二部分　中国大学创新力评价问卷

尊敬的专家：

您好！我们正在做一项中国大学创新力评价的问卷调查，希望耽误您 3 分钟用于填写问卷。我们承诺本问卷为匿名调查，调查结果仅用于本课题研究。请以清华大学为参照结合以下观测点进行打分。十分感谢您的配合！

表 A.7　科学研究创新性

| 标度 | 含义 |
|---|---|
| 1 | 评价对象在该指标方面表现很差 |
| 3 | 评价对象在该指标方面表现较差 |
| 5 | 评价对象在该指标方面表现中等 |
| 7 | 评价对象在该指标方面表现良好 |
| 9 | 评价对象在该指标方面表现优秀 |
| 0、2、4、6、8、10 | 上述相邻判断的临近值 |

请您根据实际情况，基于评分标准对所选大学的各个维度进行评分。感谢您的配合与支持！

大学创新力各维度评分：

1) 人才培养创新性

表 A.8　人才培养创新性

| 评价指标 | 观测点 | 打分 |
|---|---|---|
| 培养模式创新性 | 评价大学在本科生、研究生教育综合改革，课程建设，"三全"育人，科教融合、产教融合育人等方面的创新举措和成效 | |
| 人才卓越度 | 治国之才、学术大师、企业家、高校领导等卓越人才 | |
| 学生优异度 | 大学生竞赛奖励、研究生竞赛奖励、优秀博士评奖评优 | |

(续表)

| 评价指标 | 观测点 | 打分 |
| --- | --- | --- |
| 人才贡献度 | 硕士毕业生、博士毕业生等人才数量 | |
| 国际吸引度 | 硕士留学生、博士留学生等留学生数量 | |
| 人才培养社会满意度 | 用人单位对毕业生各项能力的总体满意度 | |

2）科学研究创新性

表 A.9　科学研究创新性

| 评价指标 | 观测点 | 打分 |
| --- | --- | --- |
| 科研过程创新 | 有组织科研过程中的机制创新特色及成效 | |
| 自然科学研究 | 国内引文数据库及引用、国外引文数据库及引用、学术著作引用、艺术作品、专利授权、科学与技术奖、国家大学科技园等 | |
| 社会科学研究 | 国内引文数据库及引用、国外引文数据库及引用、学术著作引用、艺术作品、专利授权、人文社会科学奖等 | |
| 重大项目 | 自科重大；社科重大 | |
| 重大成果 | 国家重大奖励总数、国家重大奖励师均、教育部奖励总数、教育部奖励师均等 | |

3）社会服务创新性

表 A.10　社会服务创新性

| 评价指标 | 观测点 | 打分 |
| --- | --- | --- |
| 服务国家重大事件 | 服务国家"急难险重"事件发挥的作用和贡献 | |
| 科技服务 | 企业科研经费、社会服务基地等 | |
| 成果转化 | 专利获奖、技术转让收入等 | |
| 文化传承与创新 | 在传统文化、社会主义先进文化传承方面的特色及成效 | |
| 社会服务机构建设 | 引领学术发展、推进科学普及、承担公共服务、发挥智库作用等方面的特色及成效 | |

4）治理体系创新性

表 A.11　治理体系创新性

| 评价指标 | 观测点 | 打分 |
| --- | --- | --- |
| 治理结构创新 | 围绕治理能力提升的大学内部治理结构改革创新举措和成效 | |
| 创新文化氛围 | 创新文化氛围营造的创新举措和成效 | |

# 附录二　利用 Super Decisions 软件确定二、三级指标相对权重图示

图 B.1　人才培养创新性 B1 下各元素集

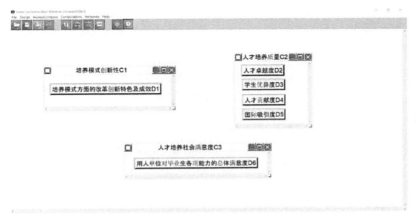

图 B.2　人才培养创新性 B1 下各元素集与元素

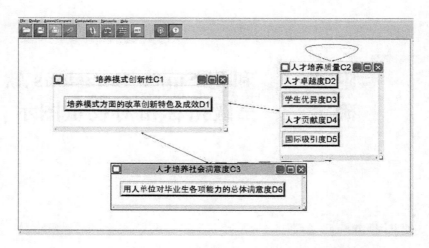

图 B.3　人才培养创新性 B1 下各元素依存和反馈联系

# 附录三  大学创新力评价云模型代码

```
Ex=1;
En=0.3333;
He=0.1;
n=10000;
for i=1:n
Enn=randn(1).*He+En;
x(i)=randn(1).*Enn+Ex;
y(i)=exp(-(x(i)-Ex).^2./(2.*Enn.^2));
end
plot(x,y,'g.','markersize',3)
holdon;
Ex=3;
En=0.3333;
He=0.1;
n=10000;
for i=1:n
Enn=randn(1).*He+En;
x(i)=randn(1).*Enn+Ex;
y(i)=exp(-(x(i)-Ex).^2./(2.*Enn.^2));
end
plot(x,y,'b.','markersize',3)
holdon;
Ex=5;
```

```
En=0.3333;
He=0.1;
n=10000;
for i=1:n
Enn=randn(1).*He+En;
x(i)=randn(1).*Enn+Ex;
y(i)=exp(-(x(i)-Ex).^2./(2.*Enn.^2));
end
plot(x,y,'y.','markersize',3)
holdon
Ex=7;
En=0.3333;
He=0.1;
n=10000;
for i=1:n
Enn=randn(1).*He+En;
x(i)=randn(1).*Enn+Ex;
y(i)=exp(-(x(i)-Ex).^2./(2.*Enn.^2));
end
plot(x,y,'.','Color',[10.50],'markersize',3)
holdon;
Ex=9;
En=0.3333;
He=0.1;
n=10000;
for i=1:n
Enn=randn(1).*He+En;
x(i)=randn(1).*Enn+Ex;
y(i)=exp(-(x(i)-Ex).^2./(2.*Enn.^2));
end
plot(x,y,'r.','markersize',3)
holdon
```

```
Ex=输入;
En=输入;
He=输入;
n=10000;
for i=1:n
Enn=randn(1).*He+En;
x(i)=randn(1).*Enn+Ex;
y(i)=exp(-(x(i)-Ex).^2./(2.*Enn.^2));
end
plot(x,y,'m.','markersize',3)
xlim([-2,12])
holdon
xlabel('指标值','FontSize',12)
ylabel('隶属度','FontSize',12)
```

# 后　记

　　笔者在高校从事教学、科研及相关管理工作，并参与了一些和创新政策制定相关的社会工作，在创新管理领域展开了较长时间的研究，主持了多项相关国家级课题。在工作和课题研究的过程中，笔者一直在思考这样一个问题：国家对高校创新力一直都很重视，也鼓励高校进行创新，并给予了很多资金支持，但为何高校科研人员受到的激励没有预期的强呢？为何不同高校的创新力相差如此悬殊呢？为此笔者和高校的相关人员进行了深入调研和交流，把研究视角落在创新力评价体系上，设计出一套符合高校创新力评价的体系，从而提出提升高校创新力的对策和建议。

　　然而，从构思这一问题的研究设计、形成研究框架、开展调研、分专题撰写研究内容，到最终以一部专著的形式来发表研究成果的整个时间周期里，也深感困难重重，挑战很大。首先，当下学术界对于我国高校创新力的研究中大多只是关于科研能力以及创新效能，对大学创新力评价的关注度较低。但是随着时代的变迁，对于大学创新能力评价已经不是单独考虑定量关系那样简单，而是像创新的内核一样在不断发展。其次，构建多维度、多层次、可操作的中国大学创新力评价指标体系，这一研究视角较新，一些学术概念可能存在争议，相关问卷数据获取也比较困难，因此本书中提出的一些观点是一些探索性的思考，形成的仅是对这一问题的阶段性研究成果，后面笔者还将继续向纵深推进对这一问题的研究。

　　再次向专著撰写中给予帮助的学术同仁、朋友表示感谢！